稳就业　促经济
——应用型高校大学生就业问题与指导研究

魏海玲　高志强　丁爱玲　著

中国金融出版社

责任编辑：吕　楠
责任校对：孙　蕊
责任印制：陈晓川

图书在版编目（CIP）数据

稳就业　促经济：应用型高校大学生就业问题与指导研究／魏海玲，高志强，丁爱玲著 . —北京：中国金融出版社，2023.8
ISBN 978-7-5220-2137-9

Ⅰ.①稳…　Ⅱ.①魏…　②高…　③丁…　Ⅲ.①大学生—就业—研究
Ⅳ.①G647.38

中国国家版本馆 CIP 数据核字（2023）第 162347 号

稳就业　促经济——应用型高校大学生就业问题与指导研究
WENJIUYE CUJINGJI：YINGYONGXING GAOXIAO DAXUESHENG JIUYE WENTI YU ZHIDAO YANJIU

出版
发行　中国金融出版社

社址　北京市丰台区益泽路 2 号
市场开发部　（010）66024766，63805472，63439533（传真）
网 上 书 店　www.cfph.cn
　　　　　　（010）66024766，63372837（传真）
读者服务部　（010）66070833，62568380
邮编　100071
经销　新华书店
印刷　北京九州迅驰传媒文化有限公司
尺寸　169 毫米×239 毫米
印张　10.25
字数　200 千
版次　2023 年 8 月第 1 版
印次　2023 年 8 月第 1 次印刷
定价　59.00 元
ISBN 978-7-5220-2137-9
如出现印装错误本社负责调换　联系电话(010)63263947

◆德州市哲学社会科学研究课题"疫情防控常态化下应用型高校大学生就业心理问题研究"（课题编号：2022DZZS018）阶段性研究成果

◆企业管理创新模式探索及新入职大学生"三维"培养模式研究（课题编号：HXKT2022410）阶段性研究成果

◆德州学院学术出版基金资助

前　言

　　就业是最大的民生。党中央高度关注高校毕业生就业问题，要求广大高校毕业生改变择业观、就业观，找到自己的定位，投入踏踏实实的工作中，实现自己的人生理想。近年来高校毕业生的数量逐年上升，2022 年高校毕业生更是突破了千万大关，使大学生就业面对巨大的挑战，就业工作被提到了前所未有的高度，政府采取多项措施确保大学生就业。面对新形势、新变化、新任务，必须加强对大学生就业问题的指导研究，以此促进经济的复苏和发展。

　　当前，我国正经历从"制造大国"向"制造强国"的转变，需要更多的人才投身制造业。我国正在加速迈向全球卓越制造基地，全力打响"中国制造"品牌，这同样需要大批优秀的应用型人才。指导应用型高校大学生做好职业生涯规划，开展就业创业实践，成为社会与行业发展的迫切需求。在当前形势下，要实现经济的有序恢复，实现高校大学生的成功就业是一项重要的措施。本书从应用型高校大学生就业问题出发，对学生就业问题进行指导研究，力图提升应用型高校大学生的就业成功率，促进经济发展。

　　本书共分为六章。其中，第一章站在全局角度，对应用型高校大学生人才培养及职业生涯规划的影响因素、原则、规划步骤及方法等进行了系统阐述；第二章论述了应用型高校大学生自我认识及职业发展探索，包括大学生的自我认识、定位和管理，并对大学生的职业性格、职业兴趣、职业价值观、职业能力等进行了深度探索；第三章主要对应用型高校大学生的就业环境进行了解析，包括家庭环境、学校环境、社会环境及职业环境等；第四章对应用型高校大学生就业准备与求职技巧进行了研究，包括就业信息的收集、分析及择业技巧，就业求职过程中的礼仪知识，以及求职时的面试与笔试等；第五章对应用型高校大学生的就业心理及权益保障等相关问题进行了阐述，包括大学生就业心理准备、心理调适技巧等，并着重对大学生就业心理问题及应对策略进行了有针对性的研究；第六章对新入职高校大学生的角色转换及培养问题进行了研究和阐述。

本书在写作过程中参考了众多专家和学者的研究成果，在此表示诚挚的感谢！由于时间和精力的限制，本书内容难免会存在疏漏之处，恳请广大读者予以批评指正！

作者

2023 年 1 月

目 录

第一章

应用型高校大学生人才培养及职业生涯规划

自新冠疫情发生以来，我国的经济和就业状况遭受了巨大的冲击，人们的生活遭受了巨大的影响。在当前形势下，要实现经济的有序恢复，促进经济的发展，实现高校大学生的成功就业是一项重要的措施。本书从应用型高校大学生就业问题出发，对学生就业问题进行指导研究，力图提升应用型高校大学生的就业成功率，促进经济的有效恢复。

第一节　应用型人才的内涵及培养目标

随着改革开放的深入和社会主义市场经济的发展，应用型人才培养成为中国高等教育改革发展的战略任务。如何使应用型高校培养的大学生成为既有知识技能和坚定的职业操守、高尚的职业境界和崇高的道德理想，又拥有马克思主义理论品质，并具有社会主义核心价值观的应用型人才，成为现阶段研究的重点。

一、应用型人才的内涵及特征

（一）应用型人才的内涵

应用型人才的概念与学术型人才的概念是相对的，二者所擅长的专业领域是不同的。所谓的学术型人才，是指那些专门对客观规律进行研究，进而发现科学原理的人才，其所承担的主要任务是要将自然科学和社会科学领域中的客观规律转化为科学原理。而应用型人才则是指熟练掌握专业知识和技能，并能够将其运用到实践中的专业人才。应用型人才通过对专业理论知识的运用，将其熟练应用于技术管理、技术服务等方面的工作中。当前社会对应用型人才的需求极为迫切，他们是行业技术的领军人物和建设者，既是具有良好技术素养的专业人才，符合社会发展需求，又是未来经济发展的奠定者。

应用型人才所具有的知识结构主要是科学的知识体系，其任务是将已经被人类发现并且掌握的科学原理应用到社会发展的实践中，而不是去发展和寻找客观规律。一般来说，应用型人才所从事的工作都与生产和社会生活密切相关，能够为社会创造出直接的价值和财富。在对应用型人才进行培养的过程中，学科知识的教学仍然是最为基本的东西，但却并不是培养应用型人才的唯一价值。根据劳动市场对人才的需求，对应用型人才的课程教育可以适度偏离学科知识的系统性，为了满足学生的职业发展需求和自我发展意愿，对他们的教育可以不用再专注于专业的学科知识。在这种应用型人才培养的指导模式下，学校的教学评价标准也应做出调整，不应再过于重视教学的学术水平，而是应转为重视受教育者对知识和能力发展是否满意、所培养的人才是否满足社会的需求、是否有利于可持续发展的需要。

（二）应用型人才的特征

应用型人才所具有的特征主要表现为以下几点：

（1）对本专业通用的基本技能和实用技术能熟练掌握，并且对所从事的岗位具有很好的适应性。

（2）能够对专业相关知识进行系统的综合和应用，并且保持有持续努力学习的意志和能力。

（3）对所从事岗位工作中存在的问题有敏锐的洞察能力，并能找出相应的解决办法。

（4）具有良好的合作意识和进取精神，同时还具有强烈的社会责任感和勇于批判的精神。

二、应用型人才培养的目标及要求

（一）人才培养目标的内涵及要求

作为高素质应用型创新创业人才，在知识、能力、素质三方面应具有的内涵是：具有一定的科学文化与通识教育基础和扎实的本专业理论功底；具有较强的自主学习与发展能力；具有必要的相邻专业知识，有较广的专业适应面；擅长专业知识、专业技术的应用，有综合运用所学理论知识发现和解决实际问题的能力；有一定的技术创新、集成创新和管理创新能力；

有较强的创业意识与创业能力；具有敬业精神、实干精神、团结协作意识等良好的思想道德素质。

围绕上述内涵，应用型人才培养必须科学设计人才培养方案，切实完善知识、能力、素质结构的内容，并努力促进三者协调发展，只有这样才能保证应用型人才的培养质量。

1. 优化以职业生涯可持续发展目标为导向的知识结构

合理的知识结构是形成应用型人才核心能力和综合素质的基础条件。由于应用型人才培养的就业面对应的是行业企业的职业群，因此，要以大学生将来的职业生涯可持续发展目标为导向，遵循知识结构的整体相关性、社会适应性和动态开放性的基本要求，坚持以学科知识为核心，以专业知识为主干，以通用知识为基础，以岗位知识为重点，以创新创业知识为拓展，使学生既掌握职业岗位所必需的专业知识、技术应用知识，又掌握系统的学科知识和科学文化方面的通用知识，以及创新创业方面的知识，使培养的人才成为适应社会需求的应用型人才。

2. 强化以专业实践能力为核心的能力结构

能力结构对应用型人才的岗位职责适应性和工作创造性都具有一定的决定作用。劳动力市场对应用型人才的要求具有较强的复合能力，因此必须要重视培养应用型人才的综合能力，尤其要加强对他们的专业实践能力培养。从应用型人才的社会要求来看，要着重培养他们的专业知识、实践能力、职业技能和创新能力等，根据人才培养目标和规格，将其培养为综合能力较强的复合型、应用型人才。

3. 内化以职业素质为核心的综合素质结构

对应用型人才职业素质的培养，主要是培养他们健全的人格，包括创新创业意识、团结合作意识、爱岗敬业精神和理性思维能力等。对于综合素质较高的应用型人才来说，其不仅要具有丰富的知识储备、良好的专业素质和健康的心理素质，同时还要具有良好的社会适应能力和较高的思想道德素质，只有这样所培养出来的应用型人才才能发挥出更大的社会价值。

（二）人才培养的目标与特质

《中华人民共和国高等教育法》（以下简称《高等教育法》）对高层次的人才培养目标做了明确规定，即应当使学生比较系统地掌握本学科、专业必备的基础理论、基本知识，掌握本专业必要的基本技能、方法和相关知识，具有实际工作和科学研究工作能力。教育部《关于进一步加强高等学校教学工作的若干意见》进一步指出，今后高校教学工作的主要任务是"着眼于国家发展和人的全面发展需要，要坚持知识、能力、素质协调发展，深化教学改革，注重能力培养，着力提高大学生的学习能力、实践能力和创新能力，全面推进素质教育"。综合《高等教育法》的规定和教育部的要求可以看出，多数应用型高校确立的人才培养目标是高素质应用型创新创业人才，其主要特质是"广适应、擅应用、能创新、会创业"。

三、应用型人才教育的特征

应用型人才教育作为一种新型的教育方式，既具有高校教育的一般特征，又具有鲜明的特色。

（一）应用型人才教育必须符合高校教育的基本要求

应用型人才教育必须符合《高等教育法》关于高职院校教育学业标准的规定，不能因强调应用型而降低学业标准，忽视必备的基础理论、基础知识教育，把应用型教育培养的高级应用型人才降为普通的技能应用型人才。

（二）应用型人才教育必须充分彰显应用型特点

1. 注重能力培养

在教育观念和教学过程中，要更注重学生的学习能力、就业能力、转岗能力和创新创业能力，培养的人才能够下得去、留得住、用得上、干得好。

2. 面向生产线

以培养生产、工程、管理、服务一线的高级应用型专门人才为根本任务，为地方经济建设和社会发展服务，推广高新实用技术、提升企业的科技含量、提高产品的市场占有率。

3. 强化实践性

实践教学强调与生产一线的实际相结合，实行工学结合、校企合作等培养模式，重视生产实习、毕业实习等各类实践教学环节，实践教学在人才培养方案中占较大比重。

4. 突出应用型

以适应地方企业和行业发展需要为目标，以工程应用为主线构建学生的知识、能力、素质结构和人才培养方案。学生具有基础扎实、适用面宽、技术应用能力强、素质高等显著特点。

5. 强调师资实践能力

专业师资队伍是一支既能从事教育教学，又能从事工程实践的"双师型"队伍。

四、应用型人才的培养规格

应用型人才作为一种特殊类型（应用型）、特殊层次（高级应用型）的人才，在培养规格上和其他类别、层次的人才一样，由知识、能力和素质三个基本要素构成。

（一）人才的知识、能力、素质的基本内涵

人们常说的知识是指人类认识客观事物和对客观规律的积累。人才所应具备的知识储备主要有一般的科学文化知识、本专业知识和相邻学科专业知识等。人才提高自身能力和素质的基础就是知识的储备，如果一个人不具备丰富的知识，那么就很难在综合素质方面达到较高的水平。在高职院校中，对应用型人才的培养，首先就要让学生掌握扎实的知识基础，这是提高他们能力和素质的前提条件。

人才的能力是在掌握一定知识的基础上，经过实践锻炼形成的。人才应当具备较高的综合能力水平，具体来说，主要有获取知识的能力、运用知识的能力、解决实际问题的能力、创新创业的能力和适应社会的能力等。人才所具有的知识与能力之间可以相互作用，丰富的知识积累有助于提高人才的能力，同时人才具备较强的能力又可以促使其获取更多的知识。

人的素质是指将从外部获得的知识和技能，通过个体的认识和实践，而内化于心的综合性品质。人才的素质主要包括科学文化素质、专业素质、身心素质和思想道德素质等。个人所具有的较高素质具有很强的能动作用，可以促进个人知识、能力的拓展，并更好地发挥作用。

人才的知识、能力和素质，这三者之间的关系密切。其中，知识是基础，素质是核心，能力是关键。高校对应用型人才必须要注重知识、能力和素质的统一培养，在学生身上实现三者的协调发展，满足人才市场对应用型人才的总体要求。

（二）应用型人才的结构及其相互关系

1. 知识结构

知识结构主要由科学文化知识、基础理论知识、专业知识和相邻学科专业知识四个部分构成。科学文化知识包括自然科学和人文、艺术、外语以及社会科学等方面的基本知识，是本专业知识结构的基础平台。基础理论知识是从事本专业所必需的基础理论知识，由数、理、化等公共基础课构成。专业知识是从事专业工作所应具备的专业知识，由专业基础课和专业课构成。对各种知识的掌握，不仅是应用型人才适应技术密集型岗位的需要，同时也是其实现自我提升、不断满足职位变动的需求。随着经济和科技的不断发展，各个学科知识相互融合、渗透，使很多跨学科职位应运而生。在这种情况下，学生就必须要在掌握自身专业知识的同时，也要对相邻学科知识有所认识和了解，只有这样才能满足社会对人才的需求。在应用型人才所具备的知识结构中，基础是科学文化知识，核心是基础理论知识，关键是专业知识，辅翼是相邻学科专业知识。只有注重各类知识的相互渗透，夯实基础，强化核心，突出关键，丰满辅翼，才能切实培养出适应社会需要的高级应用型人才。

2. 能力结构

应用型人才的能力结构主要由生活适应能力、知识获取能力、专业技术能力、就业创业能力、自我发展能力和创造创新能力等构成。其中，生活适应能力是指个人适应环境和处理日常生活问题的能力。知识获取能力是指个人具备科学的思维方式和良好的学习方法，自主学习能力强，善于收集和处理信息。专业技术能力是指个人对本专业的基础技能和技术规范掌握情况良好，并且可以综合利用所学的专业知识解决实际问题和进行技术分析的能力。就业创业能力是指在就业过程中具有较强的就业竞争力以及敢于创业、善于创业的能力。自我发展能力是指具有强烈的进取心和继续学习意识，能承受挫折和失败，在总结正反两方面经验的基础上不断完善自身的能力。创造创新能力是指运用所学知识创造性解决技术难题，积极开展技术、管理、服务等方面的创新能力。

3. 素质结构

应用型人才的素质结构主要包括科学文化素质、思想道德素质、专业素质和身心素质等。其中，科学文化素质包括自然科学、人文科学以及社会科学等方面的知识与素养。思想道德素质包括正确的政治观念，坚定的理想信念，科学的世界观、人生观、价值观，高尚的道德情操及理性的思维方式等内容。专业素质包括对专业知识、专业技术等内容的掌握程度及应用能力。身心素质包括健康的体魄和良好的心理。其中，处于主导地位的是思想道德素质，应用型人才素质是灵魂。这是因为：人才只有具备良好的思想道德素质，才能在科学文化素质和专业素质方面得到更好地提升，才能始终保持良好的心理状态；而良好的思想道德素质，是企业录用人才的关键，对科学文化素质、专业素质以及身心素质的发挥具有重要的推动作用。

第二节 应用型高校大学生职业生涯规划的影响因素

大学阶段，是大学生职业生涯发展的重要准备阶段。在整个大学期间，大学生最主要的大学生活就是学习，能否很好地完成大学阶段的学习，能否让学习的知识成为未来职业生涯发展的动力和基础的关键，是制订一个合理的学业生涯规划，即针对提升和发展学业水平制订的规划，这也是职业生涯规划中至关重要的环节。

大学的生活和学习与其他阶段的生活和学习均有所不同，其更具内涵，也更具锻炼力。制订合理的职业生涯规划，能够推动大学生树立全新的学习观念，并优化学习方法。大学生通过丰富多彩的大学生活和学习渠道，如社团活动和社会实践，能够得到锤炼，拥有更加优秀的能力和良好的素质。大学生只有做好准备，才能在走出校园后快速适应社会环境，抓住属于自己的机遇。

应用型高校大学生在制订职业生涯规划时并非凭空设计，而是需要了解该规划的影响因素，通过合理调整影响因素，制订出最适合自身的职业生涯规划。综合而言，影响职业生涯规划的因素主要有以下两项：一项是个人因素，另一项是环境因素。而作为应用型高校大学生，大学阶段的生活也会对职业生涯规划造成一定的影响。

一、影响职业生涯规划的个人因素

职业生涯规划的设计和制订是个体主观意识下的主动行为，因此，影响其最终形成的最主要的因素就是个人因素，包括个人的职业价值观、个人的个性特质及个人的身心状况。

（一）个人的职业价值观

职业价值观是指一个人的人生目标和人生态度在职业选择方面的具体体现，也可以说是个人对职业的认识和态度、对职业的追求和向往等内容综合影响下形成的一种观念。通常个人的理想、信念和世界观等都会对职业价值观产生一定影响，也会在个人的理想、信念和世界观中具体体现出来。

个人的职业价值观会通过个人对遭遇的客观事物，行为结果的作用、意义、效果、重要性等做出总体评价，并以评价为原则推动和指引个人进行选择、做出决定、实施行动。职业价值观在个人的职业生涯发展过程中具有极为重要的作用，起到的是决定职业方向的靶向作用，往往超过个人的兴趣和性格对职业生涯发展造成的影响。

不同的职业具备不同的特性，不同的人会拥有不同的身心条件、教育状况、生活经历、家庭影响、年龄阅历等，这种综合性的因素会造成不同的人对职业有不同的主观评价。例如，对职业意义的认识、对职业好坏的取向等，这种主观评价就属于职业价值观，其决定个人的职业期望，也影响职业方向的选择和职业目标的确立，甚至决定个人就业后的工作态度和努力程度。

为确定自身的职业价值观，大学生可以深入思考并回答以下几个问题：感觉哪种职业好？感觉哪个岗位更适合自己？自己从事某项工作的具体目的是什么，渴望得到什么？这些问题的答案就是个人职业价值观的具体表现。

（二）个人的个性特质

影响个人职业生涯规划的个性特质包括性格、兴趣、气质和能力等几个方面。

1. 个人的性格

个人的性格无论在职业生涯还是生活中都具有强大的作用，是指个人面对现实的态度，以及相应行为方式中所体现出的比较稳定和具有核心意义的个性化心理特征，主要表现在个人对周围事件的态度、行为举止上。

不同的人会因为不同的经历、成长环境、知识层面、文化底蕴、道德观念等形成不同的性格。这就使每个人都拥有独特的性格，独特的性格造就了不同的职业生涯和人生过程。性格对职业生涯规划的影响极大，如果选择和性格不匹配的职业，就很容易出现无法适应的情况。

2. 个人的兴趣

个人的兴趣对职业生涯规划的影响巨大，可以说在设计和制订职业生涯规划时，乃至在职业生涯发展过程中，个人的兴趣就如同一双无形的手，在潜移默化中影响和操控着职业生涯的发展。在进行职业生涯规划时，兴趣是必须要考虑的重要因素之一，尤其是在进行职业选择时极为重要。

在现实中，有一部分人从事自己不感兴趣也不喜欢的工作，这就很容易导致职业边缘化和职业倦怠感，从而对个人的职业生涯发展产生负面影响。

3. 个人的气质

个人的气质是较为典型的表露在外的稳定心理特征，包括人的心理活动速度（如感知、思维、语言速度等）、心理活动强度（如情绪体验能力、意志强弱等）、心理稳定性和灵活性（如注意力集中时间长短等）、心理指向性（如外向、内向等）。这些心理特征的不同程度和组合模式，最终构成了个人的气质。在进行职业生涯规划时，气质特性也会影响职业的选择和职业的发展。

相对而言，人的气质属于一种先天形成且受神经系统活动的特性制约的表象，属于人的天性，与生俱来，也不易改变，并无好坏之分，且与日常生活中常说的秉性、脾气、性情等含义较为相近。个人的性格是后天形成的，易于改变，但先天的气质会更易使人形成某类性格，而性格也可以在一定程度上改变和掩饰气质。

人的气质是一个非常古老的心理学问题，现如今比较常用的是古希腊医生希波克拉底提出的 4 种体液形成的 4 种气质学说，分别是多血质、胆汁质、黏液质、抑郁质。之后俄罗斯生理学家、心理学家伊凡·彼德罗维奇·巴甫洛夫创立了高级神经活动生理学，将高级神经活动分为 4 种类型，与上述 4 种气质类型相对应。

具体的 4 种气质类型和 4 种高级神经活动类型，以及它们对应的外在表现如表 1-1 所示。

表 1-1　气质类型、高级神经活动类型的特点及外在表现

气质类型	高级神经活动类型	神经系统基本特点	外在表现
多血质	活泼型	灵活、平衡、强神经系统	活泼好动、反应迅速、善于交际、敏感且注意力易转移、兴趣易变换
胆汁质	兴奋型	不平衡、强神经系统	直率热情、精力旺盛、行动敏捷、心境变化剧烈、情绪易冲动、性情较急躁不易自制
黏液质	安静型	不灵活、平衡、强神经系统	稳重安静、反应较缓慢、情绪不易外露、较为沉默寡言、善于忍耐、注意力稳定且难以转移、自制力强
抑郁质	抑制型	弱神经系统	行动迟缓、感受敏锐且情绪易感性、体验深刻、较为孤僻、善于觉察细微、遇困难易优柔寡断

除以上气质分类外，中国古代早就对气质进行过划分，如思想家孔子曾从类似气质的角度将人分为 3 类：狂者、狷者和中行者。狂者对客观事物的态度较为积极且进取心强，言行强烈且易于表现在外；狷者则比较拘谨，做事考虑较多，易于优柔寡断；中行者则是介于狂者和狷者之间，即中庸而行的人。

春秋战国时期，中国医学界曾根据阴阳五行学说将人的气质和体质形态分为太阴、少阴、太阳、少阳、阴阳和平 5 类，并根据五行法则将人分为金星、木星、水星、火星和土星 5 类。其分类基础和气质类型类似。

4. 个人的能力

个人的能力通常是个人完成工作任务的前提，也是影响工作效果的基本因素，即个人的能力和职业发展之间具备直接的关系。因此，只有在进行职业生涯规划之前，了解自身的能力倾向、明晰不同职业的能力需求，才能够进行合理的职业选择。

个人的能力不同，职业的选择也会有所差异。例如，有些职业会要求从业者具备一定学历，因为其需要一定的职业理论基础知识方能胜任；有些职业会要求从业者具备一定的从业经验，以及一定的独立工作技能等，只有拥有这些经验和技能方能胜任。

（三）个人的身心状况

影响职业生涯规划的第三项内容就是个人的身心状况，其主要包括以下两个方面的内容：一是身心健康状况，二是个人的性别和年龄。

身心健康状况对于职业的选择和发展非常重要，几乎所有职业都需要从业者拥有健康的体魄和心理，毕竟没有健康的体魄和心理，能力就很难施展，知识也难以运用。另外，有些职业还与个人的身心状况存在内在关系，如有些职业对个人的身高、体重、视力等有硬性要求；有些职业对个人的心理健康状况有要求，如需要个人拥有极强的应变能力等。

性别和年龄同样对职业生涯规划有重要的影响。性别在职业发展中扮演着非常重要的角色，有些特定的职业拥有极为严重的性别隔离，所以在进行职业生涯规划时不能忽视性别问题；不同的年龄阶段，对工作的态度和看法、对任务的适应力和调控力、对机会的把控力和勇气等均表现不同，古人所说三十而立、四十不惑、五十知天命等，体现在职业中就是态度、表现和经验。

二、影响职业生涯规划的环境因素

虽然设计和制订职业生涯规划是个人的主动意识，但其不可避免地受到外界环境因素的影响，包括对职业的认识、对职业的评价、对未来的期望、职业的发展空间、能力的培养等。影响职业生涯规划的环境因素主要有以下四项。

（一）社会环境因素

社会环境因素是一个多方面元素相互影响下形成的平衡关系，包括社会经济发展水平、社会文化环境、政治氛围和制度、社会价值观念、市场管理体制、职业的社会认知和评价等。

社会环境因素会潜移默化地影响社会中岗位的数量、结构、层次、前景等，也会决定社会各层各界对不同岗位的接受程度、赞誉程度、认可程度等。这不仅会影响个人对职业的基本态度，也会影响个人步入职业生涯的基本方式，以及个人职业生涯的变化。例如，在如今的市场经济条件下，人才和用人单位之间是双向选择的职业关系，个人和单位均有选择的自主权。另外，市场经济条件会对行业和产业的现状、未来趋势、竞争情况产生影响。这些都会对个人的职业发展产生影响，因此，我们在进行职业生涯规划时，必须要认真且谨慎。

（二）家庭环境因素

在个人成长过程中，家庭环境和成长经历都会对其产生影响，包括对职业的认知、性格的形成、人际关系的建立、价值观的完善等。不同的家庭环境和家庭教育方式，会令个人认识世界的方法、认识世界的程度及角度不同。另外，家庭成员是孩子最早观察和模仿的对象，个人在成长中会受到家庭成员职业技能的熏陶和影响，甚至家庭成员的观念、性格等也会对子女的观念及性格产生影响。

因此，在职业发展过程中，个人需要深入认知自身，不断调整和修正职业发展方向，以便最终确定和自身最契合的职业理想、职业目标。

（三）社会资本因素

社会资本就是个人或团体之间的各种关联，包括社会网络、人际关系、个人所处社会结构的位置所带来的资源等。个人拥有的社会资本会对其职业发展产生巨大的影响。例如，信息不对称会阻碍个人与就业岗位的有效匹配，而拥有就业岗位信息和资源的人则可以为求职者提供对应的职业岗位信息，从而缩短个人的失业期限、节约搜索就业信息的时间等。

社会资本不仅对个人的职业发展产生一定的积极影响，也会对局部群体中的人造成消极影响，如某些群体会形成具有狭隘性的社会认知，导致个人无法真正认知社会情况。因此，在职业发展过程中，个人运用社会资本时要注意扬长避短，避免以偏概全。

（四）重要他人因素

除以上环境因素之外，还有一个环境因素会潜移默化地影响个人的职业生涯规划，那就是职业生涯及生活中的重要他人因素。这里所说的重要他人，包括职场贵人、朋友、同龄群体、榜样事迹等。这些重要他人的生命历程、工作态度、行为特点、认知模式、价值观等，都或多或少会对个人产生影响，尤其是在职业的偏好、选择、认知等方面影响颇深。

大学生所处的职业发展阶段属于职业探索期，这是影响大学生未来职业生涯发展的关键阶段，也是设计和制定职业生涯规划的关键准备阶段。在大学阶段，学生应该完成的职业生涯发展任务就是探索自我、了解自我，并逐步确定职业偏好、培养对应能力，在所选择的职业领域起步，了解和提升职业素质，为毕业时的角色转换、职场适应打下基础。

整体上分析，大学阶段的学生应该度过以下四个阶段，来完成对职业的探索，包括适应期、准备期、提升期、完善期。

适应期就是首先适应大学学习和生活，完成中学生向大学生的角色转变，适应大学的学习特点，然后深入了解自身的性格、兴趣、能力、价值观等，最后需要对自身专业的发展、趋势、职业族群、岗位等进行初步了解。

准备期则是初步确定职业发展方向的重要阶段，首先需要对未来职业生涯进行思考和初步确定，然后根据确定的方向培养自身对应的能力、技术、素质等，不同的发展方向需要不同的知识和能力，也需要匹配不同的素质和特性，因此会对之后的学生生涯产生影响，如影响学习和活动的侧重点等。此阶段的大学生可以通过学生活动、社团活动、兼职工作等来培养和锻炼自己，提高职业责任感、工作主动性、职场受挫力等，养成不断反思、完善自己的习惯，在积累职业经验的同时，探索性地锁定未来职业，并以此为方向进行职业化塑造和提高。

提升期是在锁定未来职业后，提升对应的职业修养、职业素质、职业能力等，并做好未来职业发展的准备，包括与未来职业相关的职业资格证书、职业技能鉴定等，也可以积极主动地联系对应职业岗位，寻求了解职业岗位和单位运营情况的机会，为未来的职业生涯发展奠定基础。

完善期则是从心态上完成从学生到职业人的角色转换，尤其是在明确职业生涯发展方向、锁定未来职业岗位、做好初步职业生涯规划后，要积极准备迎接正式的职业生涯，包括准备简历、了解求职技巧、模拟面试、搜索就业信息等，以便及时了解职业发展动态。

第三节　应用型高校大学生职业生涯规划原则及步骤

一、大学生职业生涯规划的原则

毫无疑问，时间的流逝是单向运动的，无法追回，人生之旅只发单程车票。任何人都希望自己在有生之年把握机遇，运筹帷幄，走向辉煌。所以，在制订个人职业生涯规划时，既要有挑战性，又要避免好高骛远，注意适时调整，更重要的是掌握制订个人职业生涯规划的重要原则。制订大学生职业生涯规划须遵守人职匹配原则、可操作性原则、时间性原则、动态发展性原则、全面评价原则。

(一) 人职匹配原则

大学生在做职业生涯规划时，首要原则就是人职匹配。一定要认真了解个人与环境的现实情况，并对可能的发展尽量做出切实准备和预判，只有这样才能最大限度地达成个体因素与职业特征的最佳匹配。心理学研究告诉我们，世界上不存在完全相同的两个人，不同的个性让我们区别于他人，这种人与人之间的差异还体现在身心条件、生活经历、家庭背景等许多方面。同样，我们面对的职业世界也是纷繁复杂的，无论是职业的数量还是职业的类型都表现出很大差异。从某种意义上说，职业生涯规划的最终目的就是要在这两个复杂的系统之间寻找具有一定联系的个体因素与职业特征。虽然这个过程十分复杂，甚至需要经历较长时间，并承担一定风险，但是只有最终达成这种因素的关联，才能真正实现人职匹配，个人职业发展也才能走上稳定上升的道路。职业生涯规划是一项因人而异的设计任务，没有适用于全体且统一的模式，必须在科学调研、准确预估的基础上针对个体的具体情况展开。

(二) 可操作性原则

从某种意义上说，任何人或多或少都有关于自己职业发展的计划或设想，但也有很多只是空中楼阁，不切合实际，一到具体实施就会出现各种问题，导致人们无法按照自己的设想继续下去，最终不得不放弃。因此，职业生涯规划必须具备可操作性，要建立在可靠认知和调研的基础上，只有这样才能保证按照既定路线去实现目标。职业生涯规划的可操作性应该包含以下三层内容，即具体性、可行性和可查性。具体性是指计划不能是一个模糊而庞大的梦想，而应该按照一定的标准（如时间）将其分解为许多可以预见的目标，并设定每一个目标完成需要进行的准备和操作；可行性是指计划的目标和路径必须是符合自己能力范围的，在规定的环境中通过自身努力最终能够达成的，且实现目标也能激发自身动机并满足一定需求；可查性，即计划的可检验性，任何计划即便考虑得再仔细也不可能完美无缺，因为现实情况是随时变化的，这就要求我们必须随时监控计划的实施情况，通过对效果的评价及时调整计划，因而计划必须要能够被检验，只有这样才能判断计划执行得好坏以及是否需要做出改进。

（三）时间性原则

我们的生命是有限的，所以时间性原则非常重要。规划中的每一个目标都要有两个时间，一个是开始时间，即什么时候开始为实现这个目标行动；另一个是预计实现目标的时间。没有行动就永远达不到预期的目标，因而第一个时间比第二个时间更重要。

（四）动态发展性原则

人的职业发展经历一生中的大部分时间，跨越成年后的几乎所有年龄阶段，所以谓之职业人生也不为过。人的心理在不同的年龄阶段有着不同的发展和特征，职业心理也同样如此。在一般情况下，职业发展的阶段与年龄发展的阶段是相对应的，如职业准备阶段、职业探索阶段、稳定发展阶段、职业退出阶段等。因此，职业生涯规划也必须依据各阶段的特点和需求制订对应的、切实可行的计划和目标，这就是职业生涯规划的动态发展性。常言道"计划赶不上变化"，对于跨越时间如此之长的职业生涯规划来说，更是体现得淋漓尽致。很多计划初期设计得很不错，但是随着年龄的增长、心理的发展、环境的改变，可能到某阶段时原计划已不再适用，这就需要根据新的情况调整甚至大幅改变原先的计划。从今天的社会现状来看，基本上没有任何职业生涯规划是丝毫不需要调整即可适用终生的。例如，某大学生在高考填报志愿时十分想报土木工程专业，但当他工作后，发现预期与实际的差异而无法适应（心理契约违背）后，又通过考研成为一名教师，结果最后发现曾经十分排斥的教师职业原来如此适合自己。这样的例子应该说在许多大学生身上都发生过，所以认清职业生涯规划的动态发展性，随时监控，做好调整，才是更好地实现计划的关键。

（五）全面评价原则

全面评价原则是指对职业生涯进行全过程评价和全方位评价。人的发展是分阶段的，人的发展任务也是分阶段完成的，因而要注意对阶段目标成功完成与否的评价，使人在职业生涯发展的过程中不断有自我实现感。

许多人认为诸葛亮的职业生涯是失败的，因为他没有实现恢复汉室、统一中国的心愿，但他却是中国人所推崇的"智慧的化身"。如果用全面评价的观点来考察诸葛亮的职业生涯，很明显，他智慧超人、业绩丰硕、千古流芳。

二、大学生职业生涯规划的具体步骤与内容

大学生职业生涯规划是一个周而复始的连续过程，包括自我认知与评价、职业环境探索、职业生涯目标确立、职业路径决策、制订职业生涯方案、实施方案、评估与调整七个具体步骤。

（一）自我认知与评价

俗话说，"知己知彼，百战不殆"。对于大学生职业生涯规划来说，"知己"就是通过自我认知与评价达到的，这也是职业生涯规划中的首要工作。自我认知与评价要求大学生必须对自己做到准确、全面、客观、深入的了解，还要对自己将来的发展有一个预估。自我评估的内容很多，如个性、职业兴趣、人际关系状况、家庭背景、优缺点、知识经验丰富程度、技能水平、情绪智力、心理韧性、各种已取得资格的价值等。通过这一步工作，我们应该要解答"我拥有什么""我要什么""我可能达到如何的水平"等问题。

自我认知与评价包含两个方面的内容。一方面是认知，是对自己和有关职业发展的所有信息的收集与认识；另一方面是评价，是在收集与认识的基础上，对自己当前各方面的情况进行优劣判断，并预估未来可能的发展。自我认知与评价工作是职业生涯规划的基础，它为我们的职业决策提供依据。因此，收集的信息不完整、判断与认识不够充分，或是基于信息的预估有偏差，都可能影响职业生涯发展的速度、难度及最终结果。

那么，我们具体该如何进行自我认知与评价呢？自我评估的方法很多，除了基本的自省法外，还可以借助自我评估工具、问卷测评、他人评价等方法。需要注意的是，不管采用何种方法，都要经过多次验证和深入探索，务必做到严谨、求真、仔细，最好采用不同的方法反复验证，不要草率做出评价。如在自我评估的基础上，最好让他人加以评价，这样可以避免评估的主观性和片面性，千万不能犯"以点代面""想当然""伪科学"等错误。

（二）职业环境探索

个体都是作为社会人而存在的，在任何地点、任何时间都身兼多种社会角色。以大学生为例，他们在学校背景下是同学、学生，在家庭背景下是子女、兄弟姐妹，在某个社会兼职背景下又是同事、下属，此外他们还可以是朋友、爱人等许多角色。毫不夸张地说，每个人随时随地都受社会

背景和关系的影响。因此，要做好职业生涯规划，当然也离不开对个体所处环境各种因素的了解与评估。对于职业发展来说，这些因素中与职业生涯有关的因素更是关注的重点，我们把与这些因素有关的环境称为职业环境。职业环境具体包括（企业）组织环境以及与职业发展有关的社会环境，如经济技术环境、人力资源环境、文化教育环境等。

自我认知与评价是职业生涯规划的首要工作之一，另一个工作就是职业环境探索。前者我们称为职业生涯规划中的"知己"，而后者则是"知彼"的工作。虽然关于这两项工作到底先做哪一项存在不同的观点，但从逻辑与实际的角度分析，是不可能完全做好两者中任何一个后才去考虑另一个的。自我探索与职业环境探索应该是相互制约、相互关联、齐头并进的两项基础工作。只考虑职业环境，可能最终决策并不能满足个体需要；而只关注个体，后面可能会发现现实环境根本无法适应个体发展。所以，只有将两者同时考虑，相互协调，适当合理地调整，才能达成真正的匹配，所做的职业决策才有可能是既能满足个体需要，又能适应环境现实的。

职业环境为我们的职业发展提供了空间、机会、条件和可能性，特别是信息科技迅速发展的当今社会，谁能很好地把控环境，必然有助于其职业生涯的顺利发展。职业环境探索涉及的主要内容包括相关社会环境分析、行业环境分析、企业（组织）环境分析。

1. 社会环境分析

社会环境分析具有很强的时效性。第一，经济环境的分析。分析经济政策的变化、经济的景气度、产业结构的调整、区域状况及经济发展水平等对自己所选职业的影响。第二，社会文化环境的分析。分析社会政策、科技发展、价值观取向、法律状况、人才市场需求等。在良好的社会文化环境中，个人在学习、进修、深造等方面都可以得到更好的教育和熏陶，从而为职业发展打下坚实的基础。

2. 行业环境分析

俗话说："女怕嫁错郎，男怕入错行。"选择行业是每个人一生中的重要决定。企业所属的行业环境将直接影响企业发展，进而会影响个人职业发展。行业环境分为行业发展现状和行业发展前景两部分。比如，目标行业是朝阳产业还是夕阳产业？国内外重大事件对其影响如何？国家的相关政策如何？行业自身竞争力怎样？总之，通过分析和了解影响职业生涯的行业因素，既有利于个人选择有发展前途的行业和职业，也有助于个人职业目标更好地实现。

3. 企业（组织）环境分析

通过对企业内部环境的分析，可以了解企业资本环境和其在新的发展领域中的地位和发展前景，从而做出自己的职业规划。企业环境分析主要涉及组织文化与制度、领导者素质、组织人员状况、组织实力与规模、组织社会声誉等。

（三）职业生涯目标确立

1. 职业生涯目标的概念

职业生涯目标是指个体渴望获得的与职业相关的结果，是个体所选定的职业领域中未来某个时刻所要达到的具体成就。设定职业生涯目标是职业生涯规划的核心内容，具体表现在：

（1）有助于激励个体朝目标努力的坚持度；

（2）有助于个体选择实现目标的战略战术；

（3）有助于个体的职业生涯成功，影响和引领个体现实的行为表达方式；

（4）有助于个体衡量自己行为结果的有效性，提供即时性的积极反馈。

大学生的职业生涯目标是指大学生根据社会期望和自身发展的需要，选择的自我奋斗目标和发展方向，它不仅为大学生的自我发展提供导向作用，而且能够充分调动大学生的积极性、主动性和创造性。

2. 职业生涯目标的类型

（1）概念性职业生涯目标。概念性职业生涯目标属于哲学层次上的目标，与具体的工作和职位无关，它所表达的是工作任务的性质、场所和全部的生活方式，反映的是个体的价值观、兴趣、才能和生活方式偏好。

（2）可操作性职业生涯目标。可操作性职业生涯目标是将概念性职业生涯目标转换为一种具体的工作或岗位，如获得某公司市场调研部经理或市场总监的职位。在设计职业生涯目标时，个体要在概念性和可操作性两个目标层次上进行认真分析和权衡。

（3）短期与长期的职业生涯目标。从时间维度看，职业生涯目标可以分为短期目标与长期目标，长期目标的时间跨度是 5~7 年，短期目标的时间跨度是 1~3 年。

3. 职业生涯目标的设定

据调查，大学生群体中有明确职业目标的占 13%，有职业目标但不是很明确的占 25%，没有明确职业目标的达到 62%。这个调查结果反映了当前大学生求职过程中的心理困惑和行为盲目，暴露了大学生职业生涯目标的严重缺失。职业生涯目标设定程序如下。

（1）选择职业生涯发展路线

职业生涯发展路线是指一个人未来的职业发展方向。不同的生涯发展路线对从业者的素质要求有所不同，影响日后的生涯发展阶梯。生涯发展路线呈现为自下而上的职业阶梯，如大学教师的生涯发展路线是助教—讲师—副教授—教授，企业财务人员的职业发展路线是会计员—主管会计师—财务部经理—公司财务总监。

不同素质的个体所适合的职业生涯发展路线有所不同。例如，有人适合从事研究工作，可在科学技术领域获得突破；有人适合管理岗位，可成为一名优秀的管理者或领导者。职业生涯发展路线的类型有以下几种。

第一，专业技术型路线。这是一种技术职能取向的专业路线，需要从业者具备特定的知识、能力和技术，尤其是良好的分析与综合能力。

第二，行政管理型路线。这是一种管理职能取向的路线，以不同的管理岗位为目标，对一个人的综合素质，尤其是人际交往技能的要求较高，其生涯发展阶梯一般是从基层职能部门开始，然后向中级部门和高级部门逐步提升，管理权限越大，所承担的责任越大。

第三，自我创业型路线。这是一种以自主选择和自由发展为特色的生涯阶梯。自我创业型路线客观上要求具备创业的良好机会和适宜创业的社会土壤，主观上则需要创业人员具有较高的创造性、强烈的成就动机、较高的心理素质和承担风险的意识与能力，并且善于开拓新领域、新产品和新思维。

（2）选择职业生涯目标

职业生涯规划需要设立一个有效而可行的目标。职业生涯目标要符合以下要求：①为每一个行为设定明确的方向；②反映一个人的真正追求和真实需要，便于科学地管理时间；③立足现在和利于未来发展相结合；④清晰地评价每一个具体行为的效率、效能和进展状况；⑤结果导向重于过程导向；⑥结果具有可预见性，以产生持续的信心、热情和动力；⑦具体、明确而不空泛；⑧高低适度，不宜好高骛远；⑨兼顾平衡，与生活目标有机结合。

4. 职业生涯目标的实施

（1）目标分解

职业生涯目标可分解为一系列易于达成的阶段性目标。所谓目标分解，就是将目标清晰化、具体化的过程，它是将目标量化为可操作的行动方案的有效手段，是根据观念、知识和能力差距将职业生涯远大目标分解为有时间限定的长期、中期、短期分目标，直至将目标细化为某个具体目标且可以采取的具体行为。目标分解有助于个体在现实环境和自我愿望之间搭建台阶而上的路径。

（2）目标组合

目标组合是一种处理不同目标之间相互关系的有效方法。个体如果只关注目标之间的排斥性，就会在不同目标之间做出排他性选择；如果能看到目标之间的因果关系与互补性，就能够进行不同目标之间的组合。

5. 职业生涯目标的评价与反馈

职业生涯目标的评价与反馈是指个体依据内外部环境因素所做出的一种动态的和适应性的评估过程。在职业生涯目标实施的进程中，社会文化环境、组织环境、市场机遇、自我都会经常发生某些变化，有些变化还会超出个体的预料，这无不影响一个人的职业生涯发展，有时甚至会令其感到束手无策，直接影响其生涯规划的执行过程，乃至使其生涯目标的实际结果偏离原来的生涯目标，这在客观上需要个体不断有效地调整实施策略和生涯目标，做出动态的科学评价与即时反馈。因此，职业生涯目标的评价与反馈的目的在于，让自己时刻保持一种最佳状态，在生涯道路上克服各种障碍，走得更直、更稳和更快，实现可持续发展。

（四）职业路径决策

职业目标确立以后，接下来就是制定达成目标的路径。如同解决问题一样，达成目标也可能存在许多不同的路径，正所谓"条条大路通罗马"，就是职业路径决策的真实写照。对这两个不同的个体来说，在许多可以选择的职业路径中，最佳路径可能会不一样。要达成最佳，就需要对备选路径所涉及的行业、企业（组织）、地域背景、时间安排等进行比较和评估。

每个人的具体情况不同，所面临的问题也可能不同，在现实中也有不同的职业发展路径适应不同的个体。职业生涯路径规划了一个人从什么方向、如何发展和实现职业目标。方向选择不同，所对应的要求也就不同，具体需要解决的问题也不一样。许多学者和管理实践者都对职业路径进行过深入的研究，比较有代表性的路径如表1-2所示。

表1-2　　几种典型的职业生涯路径

类型	典型特征	职业愿景	典型职业	职业提升路线举例
技术型	职业的目标主要定位于技术能力的提升，比较关注工作中实际操作层面的内容，以技术水平的高低作为价值评价的标准，不愿意承担社会性或管理性工作	达到本专业技能水平的高峰，得到同行的认可，成为行业技术专家	工程技术、财务分析、营销、计划、系统分析等	助理工程师—工程师—高级工程师—教授级工程师
仕途型	注重培养自己人际交往、沟通协调、领导管理的能力，具有承担责任和风险的魄力，有一定的决策能力，以权位或威信作为评价职业成功的标准	承担更多责任，获取更大权力，管理更多人才和资源，获得人们的尊重与追捧	政府机构、企业组织及其各部门的主要负责人	销售员—销售主管—销售经理—总经理
安稳型	从众，依赖组织，力求职业安稳，不愿意转换工作岗位，做事认真，兢兢业业，担心失去工作，职业发展按部就班，没有太多苛求，有回避风险与责任的倾向	稳定长期的工作环境，融洽的组织氛围，良好的生活状态，平稳的工作提升	教师、医生、研究人员、勤杂人员	助教—讲师—副教授—教授
创造型	喜欢有自主和创造的空间，愿意承担有挑战性的任务，爱冒险和创新，总是对新事物充满好奇，常常更换工作环境，以是否能接触和完成新的目标为职业发展的方向	能拥有自己的发明、创造或是观点，有属于自己的而不同于任何人的职业成就	发明家、风险性投资者、产品开发人员、作家	因为经常性的变化职业或工作内容，所以没有明显的职业上升轨道，一般以新成果的数量和影响力来评价职业水平的提升

除了表1-2所示的职业路径外，还有很多职业发展的路径类型。例如，以学术水平提升为职业发展导向的学术型路径，如教师和科研人员在工作的同时，以学位提升为职业愿景（本科—硕士—博士—更多学位和多种形式的进修）；以追求自由、宽松、可控的工作状态为目标的自由型路径等。

（五）制订职业生涯方案

职业生涯方案的制订主要包括以下三个部分：确定自我条件与职业要求之间的差距、寻找消除差距的具体路径和方法、确定实施方案的具体步骤与所需时间。

另外，在制订职业生涯方案时，还需照顾到经验获取、人际关系培养、心理素质提升等方面。总之，职业生涯规划方案的制订是仔细考量、反复验证、不断调整的过程。

（六）实施方案

职业目标确立、具体方案制订后，接下来就是按照方案进行实践了。"实践是检验真理的唯一标准"，当然实践也是检验方案可行性和效果的唯一有效的途径。也只有通过方案的实施才能发现可能存在的问题，并加以调整，使之更加合理，并逐步向职业目标靠近。职业生涯规划的实施过程包含了个体的各种工作经历和体验，如实际操作、参加培训、学习深造、人际交流等。再好的方案，如果不去落实，一切都只是纸上谈兵。爱迪生在75岁时还坚持每天准时去实验室上班，当被问及什么时候退休时，他十分风趣地回应说，自己活到这个年纪却一直没顾上考虑这个问题。在爱迪生84年的人生中，一共有1100多项发明，他这样归纳自己成功的原因："有人认为我成功是因为所谓的天赋，但其实这并不是原因所在。只要是思维正常的人，都可以通过努力行动获得与我一样的成就。"正如爱迪生的名言——"天才是百分之一的灵感加上百分之九十九的汗水"所说明的道理一样，职业生涯规划的重点在于执行，也只有通过具体的行动才能实现哪怕最小的目标。

（七）评估与调整

俗话说，"计划赶不上变化"。职业生涯经历的时间较长，几乎涵盖了人一生三分之二的时间，涉及的影响因素又复杂众多，具有一定的偶然性，且人与人之间还存在较大差异，因而对职业生涯规划的评估与调整也就必然涉及职业发展的全部过程。通过适时合理的评估与调整，可以不断修正我们的生涯规划，使之更加适应当时当地的现实情况，规划也会变得更加行之有效。个体对计划的调整和修订，既可以是针对某个阶段性目标或其实施方案的，也可以是针对总目标的，甚至在极端情况下，可以是对整个职业目标和方案的重新制订，但这一切都必须符合个体实际情况与客观现实的需要。

职业生涯的过程，也是需要用科学发展观来指导的。与职业发展有关的诸多因素都处于发展变化之中，因而职业生涯规划也必然要随着时间的推移而变化，只有这样才能适应社会发展的现实。正如 20 年前我们无法想象今天社会的发展状况一样，在当时制订的职业生涯规划也必然难以适应今天社会的需要，为了能保持职业的继续提升，我们必须对当初的规划做出调整。其实，在现实的工作中，对职业生涯规划的调整每时每刻都在发生着，只是有些影响较大，甚至是方向性的改变；有些则很微小，只是一个具体内容或行为的适当调整。

总之，在实施职业生涯规划的过程中，大学生必须时刻自觉地总结经验和教训，评估职业生涯规划，不断收集与评价信息和各种因素，修正自我认知，通过实践的反馈，对规划做出合理适当的修正，缩小乃至消除各种理想与现实的偏差，保证职业生涯规划的行之有效。

第四节　应用型高校大学生职业生涯规划的方法

设计和制定职业生涯规划的方法有很多种，这里讨论几种较为适合应用型高校大学生进行职业生涯规划的方法。

一、5W 归零思考法

5W 归零思考法就是用 5 个问题进行归零思考，完成 5 个归零问题的回答后，找到答案中的共同点，就能拥有适合自身的职业目标，从而设计出自己的职业生涯规划。

（一）问题：我是谁？

回答该问题需要静下心来，仔细和深入地对自己进行一次较为深刻的反思和认识，要直面自身，真实且清醒地将自己的优点、缺点、性格等一一罗列出来，尽量做到完全剖析自己，尽可能地将所有答案列出，然后按照列出内容的重要性进行排序。

（二）问题：我想做什么？

此问题是对自身职业发展的心理趋向进行深入的检查和剖析，因为每个人在不同的年龄阶段、不同的认知层次下产生的兴趣和渴求的目标有所不同，有些甚至会完全对立，为了尽可能地完善职业发展心理趋向的分析，可以追溯到儿童时期，然后从儿童时期初次萌生的"想做什么"的念头开始记录，根据时间线将自己真心向往的事都罗列出来。

有些兴趣和目标虽然萌生于时间线的初期，却会随着年龄、阅历、能力的增长而逐渐固定，将所有罗列的事排序就能大体分析出潜意识中最期望实现和做到的事，将之目标化就会成为终生理想。

（三）问题：我能做什么？

此问题是对自身已拥有的能力和潜力进行全面的总结和分析，可以将已经验证的能力罗列出来，然后将自认为能够挖掘和开发出的潜力也罗列出来。

人的职业定位基于个人的能力，而职业的发展空间和提升空间取决于个人的潜力，所以罗列出已有能力可以明确职业定位，而通过自身潜力则可以推论出职业发展空间。自身潜力可以从几个方面入手分析：对事物的兴趣，兴趣越大，提升空间越大；做事的韧性，韧性越足，成长空间越大；知识结构，知识结构越扎实、知识内容越全面、知识更新越及时，潜力空间越广阔。

（四）问题：环境允许或支持我做什么？

这里所指的环境，包括社会环境、政策方向、地方经济状况、地方企业制度、职业人事政策、职业自身潜力等各个客观方面的内容，还包括对应的主观方面的内容，如社会人际关系、亲属关系、职场领导关系、职场同事关系、朋友关系等。

在回答该问题时需要将上述的环境内容进行综合分析，可以先罗列出来，然后思考、记录，并明确自己能够获得的支持，根据重要性、可能性排序。

（五）问题：我的职业目标是什么？

应在前4个问题已经回答并清晰罗列的基础上回答此问题。可以先从前4个问题的回答中找出对实现对应目标（第二个问题的答案）有利的条件和不利的条件，然后通过分析找出实现该目标时，不利条件最少、自己想做、自身能力和潜力能够实现的目标，这就可以作为职业目标的框架，也可以称为职业生涯的发展方向。

完成上述实现的5个问题后，需要以找到的职业目标、职业发展方向为核心，以自身期望的时间阶段为周期（既可以是3年，也可以是5年，乃至10年）对职业目标进行细化，提出对应的近期目标、中期目标和远期目标。

将阶段性目标分解为每年目标、季度目标、每月目标。以近期目标为例，应该继续细化为周目标，甚至是每日目标，这样就能够极为清晰地罗列出自己实现近期目标应该努力的方向，根据这些细化的目标制订对应的行动方案，并在制订完成后立刻行动起来。

每日目标完成后，需要在每日结束时对目标和自身情况进行对照和反省，总结当日成就、失误、缺陷、经验、教训等，修正后续每日目标行动方案。这样可以拥有详细且具有极强行动动力的职业生涯规划。职业目标规划模式如图 1-1 所示。

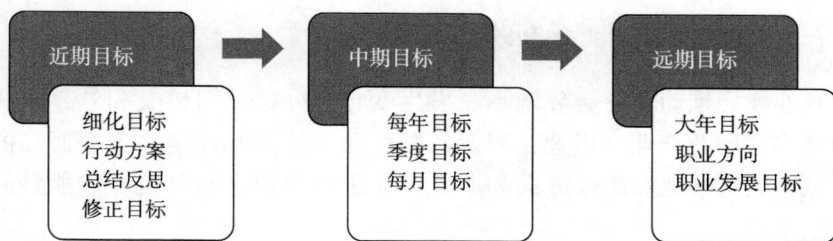

图 1-1　职业目标规划模式

二、SWOT 分析法

SWOT 分析法是市场营销管理领域广泛应用的一种分析工具，能够帮助决策者在市场竞争环境下制定出适合企业发展的竞争策略。其也可以运用于职业生涯规划范畴，毕竟在设计和制定职业生涯规划时需要充分了解自身和外界环境，然后根据自身的特性来分析和评估各因素对职业生涯的影响，这种分析和评估较为复杂，运用 SWOT 分析法则能有效做到分析和评估。

SWOT 分析法中 S 代表的是优势，W 代表的是劣势（弱势），O 代表的是外部机会，T 代表的是外界威胁。前两项为内在因素，后两项则为外在因素。通过该分析法，个人能够比较清晰地分析自身的优势和弱势，也能够将优劣与外界环境及机会进行综合分析，从而可以详细评估出较为适宜自身发展的职业道路。具体分析和评估需遵循以下步骤。

（一）分析自身优势和缺点

社会的快速发展推动社会分工进一步细化，职业分类也越来越详细，因此个人需要找到自己较为突出的优势和才能，以便弥补自身的不足，从而找到最适宜自身发展的职业方向和职业目标。

可以通过列表的形式，分析自身优势和劣势，其中需要注意的一点是，自身的优势和劣势需要放在同等重要的位置，以便后续有针对性地弥补、提高。列表可以分两栏进行罗列：一栏列出自己喜欢的事情、优势和能力，也列出自身较为擅长的事情；另一栏则列出自己不喜欢的事情、劣势和缺点，也列出自己讨厌和宁愿放弃的事情。然后根据外部机会和外界威胁分析，有针对性地提升优势和栏中的内容，弥补劣势和缺点栏中的不足，放弃不擅长和讨厌的职业领域。

（二）分析外部机会和外界威胁

社会发展推动着社会环境不断发生变化，分析外部机会和外界威胁就是要找出不同的产业、行业、职业、职位和岗位在此环境之下会面临的机遇和威胁，精准地对产业方向和职业方向进行分析，只有这样才能够做出正确的决策。

我们同样可以通过列表的形式，将与自身优势、兴趣、性格、理想方向相对应的职业领域详细地罗列，内容包括职业领域的政策导向、发展趋势、市场情况、职业发展模式等。可以将列表分为两栏，一栏是积极的外部因素，另一栏是外部的威胁，从而为后期决策提供充分的信息。例如，如果选择的职业领域近期不景气，那该领域能够提供的工作职位必然会减少，晋升的机会也会较少；而如果职业领域内积极的外部因素较多，如有政策扶持、市场潜力巨大、未来大势所趋等，那么该职业领域就会为个人提供更加广阔的职业前进道路和更多的发展机会。

（三）构建 SWOT 矩阵

前期分析的内容，主要是罗列出的内部因素和外部因素，可以将这些信息恰当排序，通常运用的排序方式是以轻重缓急、影响程度等为依据。可以先选择自身期望的职业领域，然后将各因素中对职业领域的发展有直接、重要、迫切、久远、深刻影响的因素排列在前，将对职业领域的发展有间接、少量、缓慢、短暂、次要影响的因素排列在后，并将职业领域发展的阻碍、危机因素排列在另一栏。

可以根据矩阵来综合分析，通过寻找弱化危机和排除阻碍的因素来减少影响职业领域正向发展的弊端，以及寻找推动职业领域正向发展的因素，制订行动方案，最终形成合理的职业生涯规划。

三、生涯金三角规划法

生涯金三角规划法的目的是通过科学的方式决策个人的职业目标，再根据职业目标有针对性地制订职业生涯规划。此规划法是由美国伊利诺伊大学教授斯威恩针对职业生涯规划提出的。其认为制订职业生涯规划时需要根据以下三个因素进行考量，包括个人因素（自我）、信息因素（教育与职业资料）和环境因素（环境）。其中，个人因素包括个人的能力、兴趣、价值观、健康程度、性向等；信息因素包括职业类别、产业发展趋势、职业情况、教育模式等；环境因素包括社会潮流、经济情况、地域发展、家庭状况、社交关系等。

个人因素是通过对自身的认知和剖析进行自我评估；信息因素是通过对职业内容和情况进行分析，寻找期望的职业方向，并通过建立对应的职业榜样来发展对职业的认同；环境因素是为了通过对家庭和社会背景等内容的分析来推断助力和阻力。个人通过以上三个因素的综合作用，建立职业生涯目标。生涯金三角规划法建立职业生涯目标的具体方法如图1-2所示。

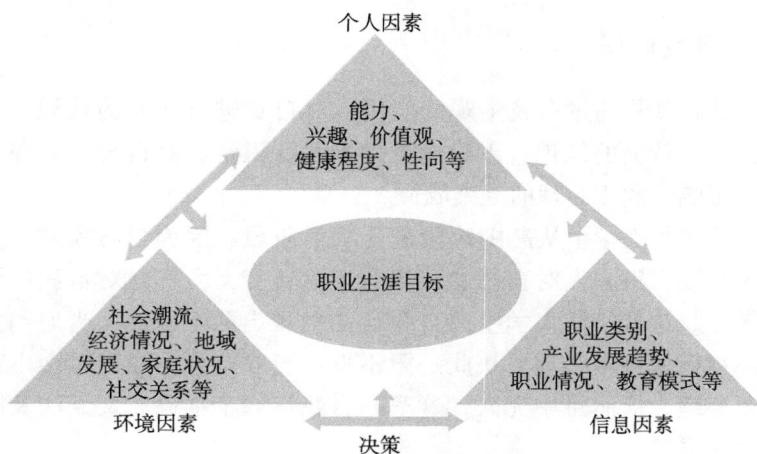

图1-2　生涯金三角规划法建立职业生涯目标的具体方法

| 第二章 |

应用型高校大学生自我认识及职业发展探索

第一节　应用型高校大学生的自我认识、定位和管理

多数刚刚步入大学的应用型高校大学生对自我没有一个准确且清晰的认知，而准确的自我认知是设计和制定职业生涯规划的基础和重要环节。自我认知是指个人对自己的洞察和理解，包括对自己的感知、思维和意向等内容的察觉和洞悉，以及对自己的想法和期望、行为和性格的判断及评估，这些都是自我认知的核心内容。具体可以从以下三个层面进行。

一、自我认识

自我认识就是通过自我主观的意识，对自身进行客观的认识，属于一种对自己身心特征的认识，正确地进行自我认识将会对自身的心理和行为产生极大影响，利于心理的健康成长。

应用型高校大学生从高中阶段进入大学阶段，因为学习模式、生活模式的巨大改变，很多人对自我的认识会发生转变，尤其是对自我的评价会有极大转变。这容易使大学生的自我认知呈现出两个极端：当遇到挫折时会产生不稳定的自卑心理，从此一蹶不振；当取得小小成就时会出现不稳定的自负心理，从而目中无人。这都是自我认知不准确，又无法及时进行自我调整造成的。

正确地进行自我认识，可以从以下三个方面着手。

（一）通过类比法客观认识自我

客观认识自我可以采用类比法，将自己和条件类似的他人进行类比，有助于正确挖掘自己真实的相貌。在通常情况下，大学生认识自我会较为片面。

例如，仅看到了自身的优势和能力，却忽略了自身的劣势和缺点，这样就容易出现取得成绩就骄傲自满的现象；而仅看到了自身的劣势和缺点，却没有看到自身的优势和能力，这样就容易在遇到问题和挫折时不知所措，从而产生自卑心理。

类比法能够推动大学生通过观察条件类似的人，客观认识自身的优势和劣势，从而更加客观地对自己产生正确评价。例如，遇到问题后，将解决过程中遭遇的各种情况和他人类比，若类似于自己的人遭遇的情况和自身相仿，那说明遭遇此情况并非由固有能力差造成的，而是由经验不足、年龄阅历不够等造成，可以通过分析将造成问题的因素找出来，努力改善，从而改变现状。

客观认识自我需要站在旁观者的角度对自己进行剖析，可以从以下三个方面进行自我认识的训练。第一，认识自己的身体特征和生理状况，包括身高、体重、力量、耐性、健康程度等，即从能够观察到的表象来认识自己；第二，认识自己在集体中的地位和作用，这时需要采用类比法来逐步提高自我评价能力，借助别人的评价和自身对他人的评价来评价自己；第三，认识自己的心理活动和心理特征，包括心理感受、自信心程度、情绪变化等。

正确地进行自我评价需要在实践中进行，同时，运用类比法可以更加全面、辩证地对自己进行评价。

实践中的自我评价属于直接自我评价，即先对自身固有的条件进行认识和了解，不仅包括前文提到的身体特征和生理状况，而且包括心理活动、心理特征、情感特点、爱好兴趣、知识水准、专业特长、智力情况、能力特点等，可以运用对应的测评工具来测定自身的气质类型、性格类型、智商水准等作为参考。之后则是通过自己在不同领域的实践成就，将自身的优势和劣势提炼出来，如大学生可以通过对各科目的学习时长、投入精力、最终取得的成绩的比较，确定其在哪方面具有实践优势。

通过类比法进行自我评价属于间接的自我评价，就是通过和他人对照，客观认识自身的真实情况。可以与社会中与自身条件类似的人做比较，还可以通过他人对自身的态度来进行自我评价，以及通过自己实践活动产生的社会效应来进行自我评价。

认识内心的心理活动、心理特征：可以运用自我体验的方法，培养主观自我对客观自我持有的态度，如自卑、自尊、自满、内疚、羞耻、尴尬、自信等，通过自我体验等训练来感受到自尊感、自信感和自豪感，从而做到不自卑、不自傲、不自满。

（二）及时反省，正视优劣

在对自我有了基本的认识后，就需要通过自我反省来正视自身的优势和劣势，即运用自我观察、自我分析和自我报告的方法，对自我进行客观评价。可以通过观察自身的言行举止、心理活动，来分析自身的具体情况，从而使自我评价更加独立、客观。

拥有客观的自我评价后，需要接受客观的自我，明晰自身的长处和短处，以平稳的情绪来尽量发挥自身优势，通过努力来弥补自身劣势，从而做到及时适应现实，保持好情绪应对问题。

（三）将理想我和现实我相联系

上述对客观自我的认识，看到的是优势和劣势共同存在的现实我，而通常而言，个体内心深处会有一个理想中的自我，包括期望达到的理想标准、希望他人对自己的理想及看法等。这个自我就是理想我。

在大学阶段，理想我和现实我会具有一定的差距，认识到差距后就能够在一定程度上促进个体的发展。但是过程中需要注意以下两种情况：一种是理想我与现实我的差距过大，即理想我的要求太高，就很容易令个体产生巨大心理落差，从而丧失信心；另一种是理想我与现实我的差距过小，即个体对自我的认识依旧不够完善，或者理想我的要求过低，这容易令个体失去前进和提高的动力。

针对上述情况，大学生在建立理想我的过程中，要将其与现实我相联系，要在现实我的基础上构建理想我。一方面，可以带给自身足够的动力去改变现实我，逐步靠近理想我；另一方面，可以逐步构建更高要求的理想我，来推动自身的持续提高。

二、自我定位

大学生涯是大学生步入社会前的铺垫期，也是未来职业发展的准备期，但很多学生在步入大学之前对自身认识不足，且对自己选择的专业性质、培养目标、教学内容等均不太了解。因此，大学生在拥有一定的自我认识后，需要及时进行自我定位，可以从以下两个方面着手。

（一）了解大学的专业

了解大学的专业就是需要大学生询问自己：所选专业是否适合自己？

若再有一次机会是否还会选择现在的专业？之所以从了解专业着手，是因为专业的选择会对未来职业发展方向产生一定的影响。一方面，好的专业和对口的专业，能够极大地调动大学生的学习热情，影响后期对职业目标的决策；另一方面，择业的过程和社会职业的发展也在反向推动对专业的选择，如社会中某些职业已经退出"舞台"，大学中与其相关的专业自然也会逐渐退出。

大学生可以从专业的性质、内容和培养方向等方面深入认识。另外，大学生还应该结合社会的发展来认识专业，因为现今社会发展迅速，人才的竞争也更加激烈，单一专业型人才已经没有明显的竞争力，这就要求大学生能够拥有更为广阔的知识面，或者更加细化的专业技能。在了解专业的过程中，需要结合社会需求去分析。

在进行自我定位的过程中，不能将眼光局限于大学的专业，因为在很大程度上，大学的学习和生活会对大学生的各方面能力进行培养，包括完善自我意识、验证心理特征、形成正确价值观等，专业技能仅是大学阶段很小的一部分学习内容，所以大学生应该学会用科学的方法和积极心态去认识大学和专业。例如，可以积极接触各个学科领域来全方位地学习，从而培养自身的综合素质，同时积极参与各种活动，提高解决问题的能力并锤炼心理素质。

(二) 明确提升方向

了解了大学的专业后，大学生下一步需要做的就是明确自身在大学阶段的提升方向，其中最基础的就是知识的积累。大学生进入大学后选择的专业，多数会是进入社会后积累工作经验的职业方向，因此作为大学生必须明确自己的基础任务就是学习和掌握对应的专业知识，以便为未来进入职业生涯打下坚实的基础。

在积累知识的过程中，还需要提升自身各方面的能力，其中较为基础的有三项能力，分别是时间管理能力、独立思考能力、合理利用大学资源的能力，其均属于自我管理的范畴。

三、自我管理

大学生在对自我拥有深刻的认识，并有清晰的定位之后，就需要以自我认识和自我定位为基础，进行科学合理的自我管理，也就是有意识地培养上面所提到的三项较为基础的能力，这些能力不仅可以加强大学生的自我认识程度，而且能够促使个体形成优良的管理习惯，从而为后期的职业生涯发展奠定基础。

（一）时间管理

进入大学校园后，多数大学生拥有了一个几乎完全属于自己的生活空间，也拥有了自主支配时间的自由。这种自主支配时间的自由很容易使其过分放松，从而浪费大量时间。

大学的数年时光极为宝贵，只有在大学阶段合理地运用有限的时间为未来职业发展做准备，才能够令职业生涯发展得更加顺畅。

想达到此目的，就需要学会时间管理，即树立时间观念、养成良好的利用时间的习惯、合理规划学业生涯等。时间管理的关键并非管理时间，而是从时间的角度进行合理的自我管理，具体可以从以下三个方面着手学习时间管理。

1. 改变看待时间的态度

大学生首先需要做的就是积极改变看待时间的态度，作为学生，虽然其还很年轻，处于人生最得意，也是最惬意的阶段，但需要明白时间一去不复返，对任何阶段的个体而言，时间都是极为珍贵的。有效利用时间，不仅能够提高大学生涯的充实度，而且可以提高生活质量、体现自我价值、塑造更好的形象及实现自我管理，最终可以形成良好的习惯，帮助个体实现人生的理想和价值。

2. 树立时间管理意识

改变了对时间的态度后，下一步就需要树立时间管理意识，这是更好地管理时间的前提。每个人的行为都是由自我意识支配的，对时间进行管理同样如此，大学的时间仅仅数年，在有限的时间中，个体需要在完成学业的基础上，培养完善的价值观、良好的习惯、健康的心理和体魄、更加全面的综合能力等，若想实现这些目标，必须要拥有极为强烈的时间管理欲望。

可以根据自我认识和自我定位来明确自身的需求，制定出有效的阶段性目标，然后实行合理的规划，这样就能够合理分配有限的时间，从而提高效率，确保时间被充分利用。

3. 运用合理的时间管理方式

树立了时间管理意识后，还需要合理地运用时间，毕竟时间对于任何人都是绝对公平的，只有合理地分配和使用时间，才能够确保在有限的时间内高效达成目标。

时间管理需要从每一天的每一件事着手，但通常个体在每天都需要完成很多件事，如何合理地运用时间才能保证高效地完成每日重要的事件呢？最有效的方式就是对事件进行梳理，列出时间清单，设定事件的优先顺序，之后根据事件的优先顺序依次处理，这样才能有条不紊且高效高质地完成。具体的时间管理顺序和事件优先顺序如图 2-1 所示。

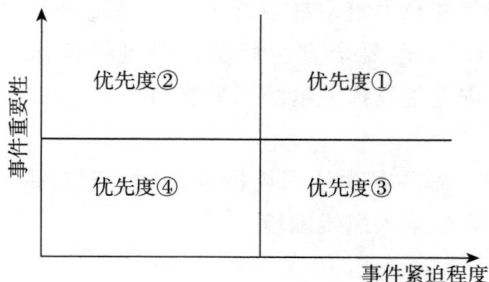

图 2-1　时间管理顺序和事件优先顺序

（二）独立思考

运用智慧进行独立思考是人类得以长久延续和快速发展的基础，只有能够独立思考、拥有独立思想的人，才算是人格意义上的独立，最终才能够实现自我价值。独立思考并非幻想，而是基于实际和行动的反思和分析，对通过实践和行动获得的反馈进行科学合理的分析，从而在实践中思考，在思考中实践，最终实现提升。要学会独立思考可以从以下五个角度着手。

1. 提出问题

思考是思维的一种探索活动，前提是大脑不断运行，而让大脑不断运行的最佳方式就是多提出问题。通过大脑对各种现象进行挖掘、对知识进行理解、对事件进行分析，最终才能发现问题。提出问题有助于促进脑细胞新陈代谢，起到锻炼大脑、提高思考能力和记忆力的效果。

2. 筛选信息

现今是互联网时代，在万物互联的背景下，每个人接收到的信息都数不胜数，虽然人类的大脑能够储存海量信息，但如此之多的信息若不经过筛选，就会成为巨大的干扰，令大脑无法顺畅地记忆、分析和运行。

这就需要学会对信息进行有效筛选，可以运用与事件的优先顺序类似的方式来对信息进行解析分类，避免彼此产生干扰，这样既有利于大脑的运转，也有利于锻炼分析能力。当然，筛选信息的过程中也需要有张有弛，避免思考和分析同一问题的时间过长，适当给予大脑新鲜信息和内容，能够令脑神经放松，更具活力，可有效提高思考效率。

3. 明确目标

做任何事情都需要避免思维的过分发散，应该明确目标并将其铭记，从而促使大脑将注意力集中在目标上，即通过提升专注度来解决问题。在解决问题的过程中，也要全方位思考，做到任何细节都不遗漏、不忽视，这样才能最大限度地发挥大脑的思考能力。

4. 保持客观

在思考过程中，需要客观认识周围的事物，时刻保持客观的态度，灵活运用思维能力，避免陷入思维困境。

5. 创新思维

在思考过程中，最容易影响效果和效率的就是固有的思维模式。当遇到问题却百思不得其解时，可以放松大脑任其自由发挥，以便突破固有的思维定式，拓展思路，从而提高创新思维能力。可以有针对性地突破传统思维，放心大胆地去设想、尝试，也许会拥有一个全新的思维模式。创新思维并非一蹴而就，而是需要在思考过程中不断锻炼，这样才能激发大脑的潜力，促使思绪更加灵活多变。

（三）合理利用大学资源

进入大学阶段后，支配时间更加自由，眼界会更加开阔，所以在自我管理的过程中，要学会从多角度认知事件，其中最能提升自身能力和综合水平的就是大学中的各种社团、组织等，要合理利用这些大学资源，为自身的提高和自我的管理创造机会。例如，积极参加大学的各种组织，担任组织中的干部，不仅能够锤炼自身的沟通能力、协调能力、社交能力，还可以促进个体维系及调控学习和工作的关系，为未来的职业生涯发展打下基础。需要注意的是，在处理学习和工作的关系时，要将学习放在首位、工作放在从位，协调好二者之间耗费的精力和时间，还需要不断地提高学习和工作效率，做到学习时集中注意力学习，工作时专注于工作。又如，寻找适合自身的学校组织和社团参加活动的前提，就是思考自身擅长做的和喜欢做的事情。寻找与自身相匹配的社团，不仅可以令自身的兴趣得以发挥和释放，还可以在此过程中培养与兴趣相关的能力，为未来的职业生涯发展开拓路径。

另外，在参加社团时，虽然兴趣是首要思考条件，但是选择时一定要深入考虑，可以在了解社团的内容、活动和模式后慎重选择。同时还需要避免选择过多的社团，活动繁杂易影响自身的发展及学业。一旦做出选择某社团的决定，一定要做好进入社团后的每一项工作。个体应该清楚地知道在社团能够得到什么和应该付出什么，即明确进入社团的目标。拥有清晰的目标后努力做到最好，但切不可将社团中的职位、发展等放在过于重要的位置上，毕竟进入社团的目的是得到锻炼，只要能够有所收获，并实现加入社团的目标即可。

除了大学的社团资源外，还要注意抓住大学期间走出校门进行社会实践的重要机会。走出校门进行社会实践是大学生接触社会和了解社会的重要途径，在社会实践的过程中，一定要仔细观察、放低自身，寻找自己与社会上所需人才的差距，从而明确后续努力的目标和方向，及时对目标进行调整和完善，只有这样，才能够不断弥补自身的不足，得到更多的经验和锻炼。

第二节　应用型高校大学生职业性格和职业兴趣探索

职业发展的探索需要从四个层面来逐步分析自身特质，分别是自身的职业性格、职业兴趣、职业价值观和职业能力。本部分针对职业性格探索和职业兴趣探索进行阐述。

一、职业性格探索

职业性格就是人在长期、特定的职业生涯中形成的与职业联系紧密且较为稳定的一种心理特征，是个体性格在特定职业生涯中的延伸和体现。从此角度来看，职业性格其实就是个体性格的职业化拓展，因此进行职业性格探索，最根本的就是对性格进行探索。

（一）性格的内涵

性格是指表现在人对现实的态度和相应的行为方式中的比较稳定的、具有核心意义的个性心理特征，是一种与社会联系最密切的人格特征，其表现了个体对周围世界的态度并将其展示在行为举止中。

1. 性格的形成和特点

性格对于人的职业选择、职业发展等都具有直接的影响，即不同性格的人适合不同的职业，不同的职业也需要不同性格特征的人来从事和完成。性格和能力都对职业生涯产生影响，相对而言，能力的培养不需要很长时间，而性格的培养和形成则需要长久的积累和沉淀。从这个角度来看，性格对职业生涯的影响比能力的影响更大。

性格的形成源于态度，态度决定了外在的行为方式，当较为稳定的态度与此态度影响下的行为方式逐渐转化为习惯后，就会自然而然地表现为性格。这是个体在长久的社会生活之中，依托其对现实的态度所逐步培养出来的，通常情况下已经形成的性格会潜移默化地影响个体的行为方式。例如，一个习惯助人为乐的个体，其性格特征就是善良且乐于助人，当遇到他人有困难时，就会毫不犹豫地提供帮助。

也就是说，性格是在生活实践中逐渐形成的，且形成之后就会比较稳定地维系下去，性格的特征也会在个体的生活、工作、学习、行动中表现出来。不过虽然性格形成后会比较稳定，但也并非一成不变，而是能够进行塑造的。例如，原本已经形成的性格在个体的生活环境中发生了巨大变化，或者遭遇了巨大事件后，其性格特征就容易出现极为显著的变化。这就是性格的重塑。

2. 性格的组成结构

从性格的各个方面来看，性格的组成结构可以分为静态结构和动态结构两个部分。

（1）性格的静态结构组成

性格的静态结构可以分解为四个组成部分，分别是态度特征、意志特征、情绪特征和理智特征。

态度特征是指个体在处理社会各方面关系时所表现出的性格特征，即个体在对待自己、他人、工作、劳动、社会、集体等方面时的态度。好的态度特征表现为正直诚恳、乐于助人、关心他人、认真负责、谦虚谨慎、热爱集体、忠于祖国、文明礼貌等；不好的态度特征表现为自私自利、狡猾奸诈、懒惰挥霍、敷衍不负责、损人利己、对他人漠不关心、无民族气节、蛮横粗暴等。

意志特征是指个体自觉地调整和调节自身行为中存在的问题的性格特征。良好的意志特征表现为拥有长远目光、独立自主、理想远大、行动有计划、坚韧不拔、自制力强、果断勇敢且有毅力等；不良的意志特征则表现为优柔寡断、放任自流、盲目性强、鼠目寸光、怯懦，或者任性、固执己见等。

情绪特征是指个体的情绪对自身行为和活动产生影响的程度，以及个体控制自身情绪的能力。良好的情绪特征表现为能够及时调整心理状态，可以长时间处于积极乐观、拼搏向上的状态；不良的情绪特征则表现为遭遇事件时，无论大小均容易引发情绪反应，但又无法快速调整，使情绪稳定下来，即控制情绪的意志力较薄弱，导致情绪波动大，心境易受影响，从而消极悲观。多变的情绪对身体健康、工作状态、生活的影响都较大。

理智特征是指个体在各种认知活动中的性格表现。例如，认知活动中独立性较强的个体，能够根据自身的情况、兴趣、任务等主动进行观察和思考，以适合自身的方式解决问题和完成任务；而依存性较强的个体则容易受到无关因素的干扰，习惯依靠他人或现成的答案来解决问题。例如，有些个体的想象力强，则在认知活动中擅长想象；有些个体的现实感很强，在认知活动中就易基于现实进行理解。又如，有些个体思维活动的精确性高，遇到问题时能够深思熟虑，看待问题较为全面，可自主调整并快速灵活地解决问题；有些个体则缺乏主见，思维活动易受他人影响或易钻牛角尖，从而陷入困境。

（2）性格的动态结构组成

性格是由态度特征、意志特征、情绪特征、理智特征等组成，并非相互分割的内容，而是相互制约、相互关联的，任何一项特征都会对其他特征产生影响，从而促使各项内容不断产生变化，最终形成了性格的动态结构。

通常情况下，性格的核心是态度特征，因为其会直接表现出个体对事件、事物、问题等所持有的倾向，所以在一定程度上会影响和决定性格的其他特征。例如，个体性格的态度特征是对社会和集体高度负责，那么在其对待工作和学习时，也必然会认真负责。从这一点可以看出，当分析个体的性格时抓住其主要特征，尤其是态度特征，能够在一定程度上预见性格的其他特征。

组成性格的各个特征并非一成不变，而是会因为外界环境、遭遇事件、不同场合等出现一定的变化，这也是性格动态结构的外在表现，个体对这些因素的不同反应会显露出其性格的不同侧面，会出现动态化的性格表现。例如，性格的态度特征是忠于祖国、关爱他人，并对自身及他人极为负责，那么在遇到他人抹黑祖国时，必然会据理力争、不卑不亢，而在和他人共同处理问题或合作完成任务时，则会谦虚谨慎、兢兢业业。

（二）性格的类型

不同的个体拥有不同的性格特征，这种不同会在个体的行为中展现出来，从而形成与性格特征相匹配的行为模式，这种行为倾向和运用心智的倾向，就是性格类型。

性格类型最初是于1921年由瑞士心理学家卡尔·古斯塔夫·荣格在出版的《心理学类型》一书中提出，荣格将个体性格分为3种维度、8种类型。

在20世纪中叶，凯恩琳·布里格斯和她的女儿伊莎贝尔·布里格斯·迈尔斯在荣格的心理学类型理论基础上提出了一套性格分类法，提出时的主要目的是协助女性寻找工作，并填补男性参与第二次世界大战之后的职位空缺[①]。

该理论模型是以母女的名字命名，被称为迈尔斯—布里格斯性格分类法，也称为迈尔斯—布里格斯类型指标（MBTI）。这是一种能够对个体的性格进行判断和分析，从而匹配性格特征的分类方法。此理论模型从极为纷繁的个性特征中归纳提炼出了4个关键要素，并架构了4个维度框架、8种行为风格，最终分为16种性格类型。

4个关键要素分别是动力来源、信息收集、决策方式和生活方式。这4个关键要素构建了职业性格的4个维度框架，每一个维度又分为两种行为风格。

动力来源根据个体专注于外界的角度不同分为外向型（E）和内向型（I）；信息收集根据个体认识外界和收集信息的方式分为感觉型（实感型，S）和直觉型（N）；决策方式根据个体做决定和下结论的方式分为思考型（T）和情感型（F）；生活方式根据个体处理事情的态度分为判断型（计划型，J）和知觉型（随性型，P）。

外向型的人倾向于将精力专注于外界的活动、互动、经验等，从而获取动力；内向型的人则倾向于将精力专注于自身内在的情绪、记忆和意念等，从而获取动力。感觉型的人较为注重具体的、事实的、实际的看法，从而获取信息；直觉型的人则较为注重个体对事件的感觉、可能性、整体性的关系等，从而获取信息。思考型的人注重对公平、逻辑和客观的分析判断，通常会较为理性地做出决策；情感型的人则注重通过人际关系、

---

① 刘玉升. 大学生职业生涯规划与就业指导［M］. 苏州：苏州大学出版社，2018：68-73.

价值体现等感官刺激来进行判断，通常会较为感性地做出决策。判断型的人做事喜欢规划和计划，通常会根据计划按步骤处理事件；知觉型的人做事则颇具弹性，喜欢依靠突发的灵感随性处理事件。

根据4个关键要素的不同行为风格的匹配，能够形成16种性格类型，具体的性格类型、匹配的典型职业、行为特征如表2-1所示。

表2-1 性格类型、职业、特征

性格类型	典型性格特征	典型职业	行为特征
外向、感觉、思考、判断（ESTJ）	喜欢组织和经营事业、活动，对自身没有实际利益的事不会关心，但也会花费精力处理这些事，是天生的机械专家和商人	政治家、警务人员、军人、法律工作者	积极做事和组织事件的务实专家，极为实际，时间观念强且规律
外向、感觉、思考、知觉（ESTP）	喜欢机械与运动，享受解决问题过程中的乐趣，较为率直，喜欢真实感，不喜欢冗长的解释，善于和喜欢处理有关拆解、重组等事件	实业家、演艺工作者、管理者、仲裁者、辩护律师	各事务之间的快速适应者，行为难以预料且易冲动，善于准确评估他人动机
外向、感觉、情感、判断（ESFJ）	喜欢做能够直接影响人生活的事情，若为他人做好事，需要他人的鼓励和赞赏。喜欢和谐和创造和谐氛围，热心肠且受欢迎，喜欢积极参与各种事件	推销员、教师、教练、私人秘书、接待人员	极为务实的领导者，社交能力极强，工作对象是人，很在意他人对自己的看法
外向、感觉、情感、知觉（ESFP）	喜欢运动和制作物品。偏急躁，想快速知道发生的事情及结果。随和友善，易于满足，享受拥有的一切，喜欢将事情摆弄得更加有趣，在需要实际操作能力的场合会相得益彰	教导员、政府官员、演说家、小说家、影视编剧、剧作家、记者	人际交往过程中的快速适应者，善于运用环境资源，人际交往能力强且适应力强
外向、直觉、思考、判断（ENTJ）	善于吸收知识并喜欢扩大自身知识面，有信心，热心且善于钻研，能够条理分明且机智地进行交谈和演讲	高级管理人员、陆军将领、演说家	直觉强且创意高的领导者，做事必须有结果，做事高效且不会重复犯错，对配偶期望高
外向、直觉、思考、知觉（ENTP）	直率而活泼，精通很多事情，可以机智地解决新问题和富有挑战性的问题，但易于忽略例行工作，兴趣容易转变	教师、创新事业	极易改变计划的创新者，会尝试各种可能，喜欢用分析能力解决复杂的问题

续表

性格类型	典型性格特征	典型职业	行为特征
外向、直觉、情感、判断（ENFJ）	喜欢气氛活跃的组织，能够真诚地关心他人的想法和需要，处理事情时也会顾虑他人感受，内心极为丰富且对他人感受敏感，可以轻松挑起话题和活跃气氛，也会用心提升自身	临床医学家、教育家、基础护理医师、大众传播	想象力丰富的调控者，天生的杰出领导者，愿意与他人合作并信任他人，易投入情感
外向、直觉、情感、知觉（ENFP）	应变能力极强，可以迅速解决问题和困难，热心肠，会随时帮助他人解决问题，亲切而聪明，精力旺盛且富有想象力，能够做任何感兴趣的事	政府官员、演说家、小说家、剧作家、影视编剧、新闻记者、教导者	极易改变计划的热心肠，观察力强且认为任何事都有意义，能够做多种感兴趣的工作
内向、感觉、思考、判断（ISTJ）	喜欢有组织、有规划的事情，做事认真负责，能够集中注意力并安静地做事，做事寻根向底，比较实际且有秩序，只要答应做到的事就会下决心完成，不会抗议，也不听劝阻	审计员、银行核查员、会计、牙科医生、法律研究员、教师	善于分析的事务管理者，责任心极强，工作中最可靠的人，不喜欢被批评，从而给人以冷血感
内向、感觉、思考、知觉（ISTP）	对现象及事件较感兴趣，尤其是与人无关的内容，包括因果关系、机器运转、硬科技等，好奇心极强，会以好奇心观察和分析人生，专注自认为有必要花心思的事，其他事都是浪费时间和精力	商人、工艺者、驾驶员、外科医生、运动员、美术家、音乐家	务实且善于分析的行动者，喜欢寻找刺激，情绪极为稳定，胆量足且喜欢摆弄各种工具
内向、感觉、情感、判断（ISFJ）	喜欢周密且精细地完成工作，专注细节，并能够尽义务，安静且友善，负责任且能够体谅他人、在乎他人感受	中层管理人员、医生、保险代理、监护人、图书馆馆员	同情心极强的事务管理者，言出必行且忠于规则，喜欢有保障的工作且完成工作才会放松
内向、感觉、情感、知觉（ISFP）	喜欢享受当下，也喜欢轻松地完成工作，内心幽默，安静且友善，敏感而孤独，不期望突出，不会强迫他人接受自身意见和价值观，虽不喜欢领导但会遵从管理，不喜欢匆忙的工作，喜欢有条不紊	时尚设计师、小说家、诗人、作曲家、剧作家、雕刻家、画家、林业家、园艺家、厨师、导演、护士	善于观察且忠心的辅助者，行动力强但不善于与人交流，做事会立即行动，不会拖延

续表

性格类型	典型性格特征	典型职业	行为特征
内向、直觉、思考、判断（INTJ）	非常独立，较为固执，习惯以怀疑和批评的眼光看待事物。对喜欢的工作能够坚守初心，无论是否有人支持都会有组织地完成，但容易因为过分固执而浪费精力	教师、数学家、科学家、技术专家、逻辑专家	果敢的逻辑大师，自我察觉能力强，做事目标性强且立场坚定，易给人冷酷感，有长远的计划且做事逻辑性极强
内向、直觉、思考、知觉（INTP）	善于极为精细的推论，主要的兴趣是确定的理想，不善于交际，也不喜欢交际，通常会安静而谨慎地沉浸于自己的世界	科学研究人员、经营主管人员	善于分析的独立行动者，直觉很准确，却易看不起人，执着于自身原则
内向、直觉、情感、判断（INFJ）	内心沉静踏实，极为忠实，习惯为他人着想，喜欢被人尊重，坚韧不拔，能够不屈不挠地完成任务，遵循他人认定为好的事物，拥有一定的创意	临床心理学家、精神病医生、特殊领域教师及作家、临床医生	注重人际关系的协作者，喜欢和他人共同工作，内心敏感但很难表露情绪，根据价值做出决策，处世靠直觉
内向、直觉、情感、知觉（INFP）	责任心极强，无论有多少困难，都会完成事情，热心且忠实，但不喜欢表达，通常在认清他人后才会交心，喜欢独立计划和完成事情，因为过于重视人际关系，所以对地位和环境不在意	社会工作者、人文学科教育家、幼儿咨询师、政府工作人员	独立且想象力丰富的辅助者，通常是理想主义者，敏感、喜欢真实，可以快速接受新思想和新事物，获取知识靠感性，易洞悉象征意义

（三）职业与性格的关系

性格是个体在社会生活中逐渐形成的行为特征，其对职业生涯发展极为重要，所以了解自身性格并把握其变化规律，不仅有利于进行职业选择，而且有利于职业生涯的发展。可以将职业选择视为个体性格的延伸，性格同时会影响个体对职业的适应性，二者之间是相互适应、相互影响的关系。

当职业和性格较为匹配时，二者就会相互促进，从而使个体良性发展，但有时性格和职业会出现错位，尤其是对于刚走出校门的大学生而言更是如此，可以从以下三个方面来解决错位问题。

1. 以性格为核心制订职业生涯规划

若怀疑自身的职业和性格出现错位，可以先进行自我审视，评估、测试性格，并深入了解后，以性格为核心来制订职业生涯规划，以此来寻找职业发展方向和最契合自身性格的职业。这是一个较长的过程，不能盲目、急切地追求结果，要不断地调整方法和反馈评估。

2. 通过调整性格来适应职业

若发现自身性格与职业的匹配度不高，可先对性格和职业进行分析，确定自身性格中与职业不匹配的因素，通过个人的努力来弥补性格的不足，即性格并非一成不变，可以通过实践活动和个人努力来调整与完善。这种方法的前提是个体真心期望弥补不足，而且渴望在该职业方向发展，或者对未来职业生涯发展有帮助。

3. 根据个人需求适当调整职业

在职场中，个人性格和职业需求不匹配的现象比较普遍，也比较正常，如果所在的职业对未来职业生涯发展益处较小，且在该职业发展中无法获取真正的心理满足和快乐，虽然极为努力地适应了职业但却身心疲惫，最好能够及时根据个人需求和发展方向放弃该职业，去寻找和选择更有利于自身发展的职业。

二、职业兴趣探索

职业兴趣是个体在职业方向的兴趣体现，属于在个体兴趣基础上融入职业特性后表现出来的一种特征，因此探索个体的职业兴趣需要从个体的兴趣着手。

兴趣是个体希望或渴求认识某种事物或从事某种活动的心理倾向，是一种以认识和探索事物的需求为基础的心理感受，也是推动人类认识世界、认识事物的重要动机。兴趣能够充分调动个体的潜能，从而有效提高学习、工作的效率，并可以使个体发挥自己的才能，最终推动个体不断进步。

（一）兴趣的种类和品质

个体的心理需求和心理倾向不同，造就了各种各样的兴趣，综合分析众多的兴趣会发现兴趣可以分为三大类，且兴趣拥有其内在的品质。

1. 兴趣的种类

兴趣可以具体分为三大类，分别是兴趣方向类别，即物质兴趣和精神兴趣；兴趣获取类别，即直接兴趣和间接兴趣；兴趣范畴类别，即个人兴趣和社会兴趣。

物质兴趣是指个体对舒适和丰盛的物质生活的追求,包括基本物质生活的衣食住行等方面;精神兴趣则是个体对满足和丰富自身精神的追求,主要包括对知识、研究、文学、艺术、创作等方面的追求。大学生的价值观和世界观尚不完善,因此对兴趣方向需要积极地引导,避免个体向纯粹的物质兴趣畸形发展或在精神兴趣方面消极发展。

直接兴趣是指参与活动过程中产生的兴趣和满足,如通常大学生的想象力丰富且具有很强的创造性,所以对制作模型极为感兴趣,这就是直接兴趣;间接兴趣则是对活动过程中的附带内容或结果产生的兴趣和满足。

通常直接兴趣和间接兴趣是相互联系和相互促进的,没有直接兴趣的活动过程会枯燥乏味,而没有间接兴趣就容易失去目标和过程中产生的成就感,从而无法将活动持续下去。所以只有将直接兴趣和间接兴趣结合起来,才能充分地发挥积极性和创造性,从而挖掘个体的潜力。

个人兴趣是指个体对特定的事物、事件、方向产生具有很强倾向性和选择性的态度,主要是基于个体而言;社会兴趣指的是处于社会中的成员对某一领域的普遍兴趣,或者是社会的发展对社会成员的普遍要求,如随着互联网的发展,数据开始遍布各个领域,对于数据的分析能力和筛选能力已经逐渐成为社会普遍需要的能力,随着社会的发展,这就有可能成为一种社会兴趣。

2. 兴趣的品质

无论是哪个种类的兴趣,在个体产生后就会形成无形的动力,从而推动个体投入精力和时间。通常个体会优先注意和积极探索其感兴趣的事物,并主动完善对该兴趣方向的认识和了解。例如,对美术评鉴感兴趣的人,会对画展、美展,甚至是摄影展都很关注,并会认真观赏与点评,收藏、模仿自己感兴趣的作品;对古币感兴趣的人会想尽办法收集、珍藏、寻找和了解古今中外的古钱币,并深入研究。

兴趣并非只对事物浅层次的关心和关注,而是使个体产生满足感。无论是体验还是情绪(包括获取此方面的知识或参与此类活动等),都能够令个体获得满足感,从而对兴趣相关的事物乐此不疲。兴趣的品质主要表现在以下四个方面,同时也体现了不同个体兴趣的差异。

一是兴趣的倾向性品质,是指兴趣所指向的内容的品质,如兴趣是指向物质方向还是精神方向,以及指向的内容是高尚的还是卑劣的。

二是兴趣的范围品质,是指兴趣涉及内容的范围的大小。若兴趣涉及内容的范围广泛，则能够促进个体获取更多的知识；若兴趣涉及内容的范围狭窄，个体获取的知识量也会偏少。

三是兴趣的稳定品质，是指对某一方向或某些对象感兴趣的时间的长短，保持的时间越长，稳定性越好，个体才能在广泛兴趣背景下形成中心兴趣并深入了解兴趣。

四是兴趣的效能品质，是指兴趣对活动产生作用的大小，对活动产生作用大的兴趣则效能作用高，反之则效能作用低。

（二）兴趣与爱好的关系

兴趣通常建立在个体对某项事物深刻认识的基础上，对该项事物产生了情感后，才会逐步形成探索和从事的欲望，最终成为兴趣。对该项事物的认识越深刻，产生的情感越丰富，兴趣也就会越深厚。

爱好是兴趣的发展和行动，兴趣是爱好的前提条件。爱好和兴趣的不同之处在于爱好不仅会优先注意该事物，产生对该事物或从事该工作产生的向往心情，而且会付诸行动。

兴趣和爱好通常会受到社会性制约和遗传环境的影响。例如，不同文化层次、不同职业、不同环境影响下的人，兴趣和爱好通常会有较大的差距，这些影响因素就是社会性制约；父母的兴趣和爱好、时代的变化等，也会对个体的兴趣和爱好产生影响，尤其是不同年龄阶段的特性对兴趣和爱好的影响极大（通常少儿时期的人会对绘画、歌舞等充满兴趣，而青年时期容易对文学和艺术等产生兴趣，成年后则会对某种工作或某类职业产生兴趣）。

从这一点来看，兴趣和爱好会随着年龄的增长、知识的积累、阅历的丰富而转移，同时，时代变迁和社会发展下形成的不同物质条件和文化条件也会对个体的兴趣产生影响。兴趣和爱好的变化，通常是以个体的需求为前提的。

（三）兴趣的培养

激发出的兴趣大部分为直接兴趣，即个体对某项事物产生想要了解的欲望。培养直接兴趣比较困难，能够培养的多数是间接兴趣，可以采用以下几种方式。

1. 提升知识储备

对事物的深刻认识是形成兴趣的前提和基础，即提升对应的知识储备。

可以说知识越丰富，兴趣也会越广泛，所以提升知识储备会对兴趣的培养产生极大的益处。

2. 通过活动激发兴趣

虽然很难培养直接兴趣，但是可以通过各种方式激发，其中最为有效的方法就是开展有趣的活动来提升个体对事物或活动的渴望程度，从而激发对该事物或活动的直接兴趣。

通常活动需要拥有丰富有趣的形式，这样不仅能使个体被新鲜事物或内容吸引，也能够令个体在参与的过程中产生情感上的满足，从而产生深入了解该事物和活动的渴望及参与的欲望，从而激发兴趣和热情。

3. 明确兴趣目标

激发直接兴趣可以使个体更加深入地了解某项事物或内容，当直接兴趣被激发后，就可以通过明确认识该事物或内容的意义，培养个体的间接兴趣。

培养间接兴趣的目的是通过对兴趣目标的明确，认识到兴趣活动的意义和价值，推动个体付诸行动，具有很强的指向性和持久的定向性，保证个体的兴趣不会因为遇到问题和挫折而轻易改变。

4. 根据兴趣特点培养优良品质

不同的个体因为成长环境、生活方式、所受教育、主体条件的不同，产生的兴趣也会有非常明显的个性化特征，所以可以通过自身兴趣的特点，逐步培养优良的兴趣品质。

若个体的兴趣过于广泛，即处于泛而无中心的状态，就需要加强中心兴趣的培养；若个体的兴趣过于单一，所涉及的知识面过窄，则需要使兴趣具有广泛性；若个体的兴趣易于变化，则应该增强兴趣的稳定性等。高品质兴趣的培养过程，其实是对高尚人格和高品质性格的培养，二者属于相互促进的关系。

（四）职业兴趣理论

1. 兴趣与职业生涯的关系

兴趣与职业之间的关系极为密切，兴趣对个体的职业生涯有非常明显的影响，主要体现在以下三个层面。

首先，兴趣是职业选择的重要依据。个体倾向于从事或参与感兴趣的活动，就职业而言，其同样倾向于寻找与兴趣相关联的职业活动或类型，尤其是当外界环境的限制不明显时，这一点体现得更加清晰。因此，对个体的兴趣类型有了较为清晰和准确的判断，就能够在一定程度上帮助个体进行职业生涯的选择。

其次，兴趣能够提高职业生涯的适应性。当个体参与或从事感兴趣的活动或事件时，其心理状态会更加积极，有利于个体能力的展现，当兴趣和能力结合时，可以有效提高工作效率。个体从事自己感兴趣的职业，不仅其能力会发挥得更加顺畅，而且会通过不断提升自身能力来高效地完成工作，自然而然可以提高工作效率，且能够长时间保持较高的效率而不会感到疲惫。

最后，兴趣可以提高个体对职业的认可度和稳定性。当个体对所从事的职业感兴趣时，从事该职业就更容易使其获得满足感和成就感，若不考虑经济因素，很多时候兴趣对个体的工作满意度和稳定性起到决定性作用；个体对工作的认可度也在一定程度上与兴趣有关，若个体对某职业感兴趣，那么就更容易对该职业的活动持肯定态度，甚至会积极思考和探索，从而再次提高个体对该职业的认可度。

2. 职业兴趣理论

职业兴趣为个体的兴趣在职业方向上的外在表现，即个体对某种职业活动产生的较为稳定且持久的心理倾向，优先注意且对其有较高关注度，并期望从事该职业。

职业兴趣通常直接影响个体在未来从事职业时的态度和成就，而兴趣向职业兴趣的转化，最关键的制约因素就是个体能力，毕竟个体没有与之相匹配的能力，就无法胜任工作；除了个体能力之外，职业兴趣还要求个体拥有责任意识，即需要个体承担职业责任。也就是说，职业兴趣其实是兴趣融合能力、责任后的综合体。

对职业兴趣的研究中，比较知名的是约翰·霍兰德的职业兴趣理论。霍兰德是美国著名职业指导专家，于 1959 年提出了职业兴趣理论，带来了极为广泛的社会影响。

霍兰德认为个体的人格类型及兴趣与职业相关性极高，兴趣是个体进行活动的巨大动力，若个体对某职业有极大兴趣，将明显提高个体从事该职业的积极性和舒畅度；职业选择则是人格的延伸和表现，人格的特质在职业上就表现为职业兴趣，不同的个体会拥有不同的职业兴趣，而不同的职业兴趣则会从事不同的职业。

霍兰德将人格分为 6 种类型，分别是实际型（实用型，R）、调研型（研究型，I）、艺术型（A）、社会型（S）、企业型（E）和常规型（事务型，C）。工作环境同样也可以分为 6 种类型，与上述人格类型的分类一致。霍兰德认为，个体的人格类型与工作环境之间的适配，会对个体的工作满意度、职业稳定性、职业成就感等产生很大的影响。

霍兰德的职业兴趣理论是由 4 个假设组成的，人格类型和工作环境类型就是其中两个假设。第三个假设是个体尽量寻找符合自身职业兴趣且令能力充分发挥的职业；第四个假设是个体的行为表现是兴趣和环境相互作用的结果。根据以上 4 个假设，若个体能够清晰界定自身的人格类型，以及敏锐地辨识环境类型，那么其就能较为精准地预测最适宜自身的职业选择和社会行为等。霍兰德的职业兴趣理论中职业兴趣类型与典型匹配职业如表 2-2 所示。

表 2-2　职业兴趣类型与典型匹配职业

兴趣类型	对应人格特点	典型匹配职业
实际型（R）	喜欢运用工具，以及可操作性工作，动手能力极强且动作协调，社交能力较差，喜欢独立做事。通常喜欢较为具体的任务或工作，处理与人相关的事务较为保守，而且做任何事均比较谦虚	典型匹配职业是技术性职业或技能性职业，要求具备机械能力，对与机械、工具、器材、动物、植物等相关的职业感兴趣。典型职业包括摄影师、制图员、机械装配、计算机硬件等技术职业，技工、厨师、修理、木匠、农业及一般劳动等技能职业
调研型（I）	喜欢思考但不喜欢动手，特点是抽象思维能力较强，通常知识渊博且有学识，喜欢独立且富有创造性的工作，不善于领导他人，考虑问题比较理性且求知欲强，通常会运用逻辑分析和推理来探索未知领域	典型匹配职业是科研类职业，对要求分析能力、智力、抽象力的定向研究类职业感兴趣。典型职业包括科学研究员、教师、医生、系统分析、数据分析、编程人员、工程师等
艺术型（A）	追求完美，有很强的创造力，个性明显且渴望通过表现来实现自我价值，做事比较理想化却不注重实际，善于表达且内心丰富，敏感度较高，通常拥有艺术才能	典型匹配职业是艺术类职业，对语言、审美、细微感受能力，以及对行为、颜色、声音、形式审美要求较高的职业感兴趣。典型职业包括演员、导演、雕刻、建筑、摄影、广告、设计等艺术类职业，歌唱家、作曲家、乐队等音乐类职业，小说、编剧、诗人等文学类职业等

续表

兴趣类型	对应人格特点	典型匹配职业
社会型 （S）	喜欢与人交往，关心社会热点，善于言谈，喜欢教导他人，渴望改变社会问题，并看重社会义务和社会道德，希望拥有极为广泛的人际关系	典型匹配职业是社会工作和教育工作，对要求拥有启迪力、教育力，以及帮助他人的职业感兴趣。典型职业包括教师、教育行政等教育类职业，咨询师、公关人员等社会类职业
企业型 （E）	喜欢竞争、追求物质财富和权威，具有较强的领导才能，有野心且敢于冒险，习惯以利益得失或权力地位来衡量做事价值，为人较为务实，做事的目的性较强	典型匹配职业是领导类职业，对要求具备管理、劝服、监督、领导才能，实现社会目标的职业感兴趣。典型职业包括项目经理、销售人员、营销管理、企业领导等组织管理类职业，政府官员、法官、律师等社会类职业
常规型 （C）	喜欢接受他人的领导和指挥，做事喜欢按计划和规章进行，不喜欢冒险和竞争，但极为注重细节，做事条理性强，比较保守和谨慎，缺乏一定的创新性和创造力	典型匹配职业是辅助类职业，对要求注重细节、条理性、系统性、精确性，需要根据特定程序或要求进行的职业感兴趣。典型职业包括会计、秘书、办公室人员、投资分析、行政助理、图书馆管理员、出纳等

以上所说的人格类型和职业兴趣类型是理想状态下的单一模式，现实中大多数人并非仅有其中一种特性，而是同时有多种类型的特性。霍兰德认为，个体属于的人格类型中，特性越相似则相容性越强，在选择职业时就会存在较少的内在冲突，从而减少犹豫，更准确和清晰地选择恰当的职业。

某些人格类型和职业兴趣类型的特性的相似度较高，具有较强的相容性；某些则相似度较低，甚至处于相对状态。针对这种特性，霍兰德建立了职业兴趣六角形模型，以便分析多类型个体的职业兴趣和性向。其建议将6种人格分别置于六角形的一角，以便表示6种人格相邻、相隔、相对的关系，具体如图2-2所示。

可以看出，任何一种类型都会和其他类型产生不同程度的关系。相邻属于共同点较多且极易相容的关系；相隔属于共同点较少且不易相容的关系；相对则属于无共同点且无法相容的关系。在通常情况下，很少有个体同时对处于相对关系的两类职业感兴趣。

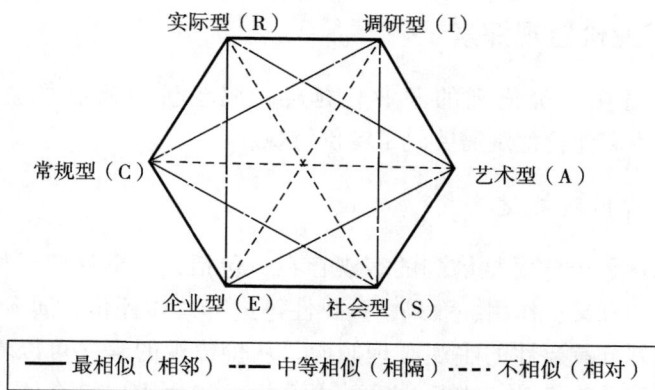

图 2-2　霍兰德的职业兴趣六角形

霍兰德的职业兴趣理论为职业生涯的辅导提供了一个重要的理念，即将个体的特质与带有这类特质的职业结合，通过对自身能力和兴趣的探索，提高对同特质工作的探索，从而拉近自身与职业的距离，快速完成职业探索和尝试。

该理论指出，匹配职业通常是一大类内容有关联且与个体兴趣相近的职业，可以在潜移默化中引导个体积极主动地对职业进行探索并选择。个体本身就是一个具有多种兴趣类型的综合体，因此在通过该理论评价和匹配职业类型时，可以将位居前 3 的类型按高低分数依次排序，构成最终的兴趣组型后，再去匹配对应的职业类型。另外，影响职业选择的不仅是兴趣类型，还有社会对职业的需求和获得对应职业的可能性，最终通过对相邻职业环境的选择，寻找更容易获得的职业方向。个体则需要在选择职业后，适应职业环境。

第三节　应用型高校大学生职业价值观和职业能力探索

个体的职业性格和职业兴趣通过内在因素对职业选择和职业生涯规划产生影响，通常这种影响会贯穿个体职业生涯。除此之外，个体进行职业选择和职业生涯规划时，还受到职业价值观和职业能力的影响。其中，职业价值观会影响个体对职业的认识程度和认知态度，以及对未来职业目标的确定和追求；而职业能力则会对职业选择后的工作效率和职业发展速度产生较大影响。

一、职业价值观探索

职业价值观是价值观的职业化延伸，属于价值观在职业方面的表现，因此探索职业价值观需要先了解价值观。

（一）价值观概述

价值观就是个体对接触到的客观存在，包括人、事件、事物等，以及对自身行为的意义、作用、效果、重要性等进行总体评价，属于区别好坏、明辨是非、划分重要性的主观心理倾向。从价值观的含义可以看出其是推动和指引个体采取行动、进行决策的内心标准和原则，是个体心理成熟的核心元素之一。

通俗来说，个体可以通过对世界的认识，挖掘客观存在对自身的意义，从而对人生进行设计，确立目标并为之奋斗，这些均由价值观支配。受到价值观影响，个体会对外界事物和行为产生主观评价，包括学习、劳动、享受、成就等，并按好坏、轻重排序，最终形成认知体系，即价值观体系，其是决定个体行为和态度的基础。

1. 价值观的类型

个体价值观的架构和形成，受制于人生观和世界观。当个体出生后，在家庭环境和社会环境的影响下，受不同的社会生产方式、经济地位、家庭教育模式的影响，逐步形成价值观。

不同的生活、教育经历，使个体的价值观多种多样。通过对生活模式、行为态度、认知体系的分析，德国教育学家、心理学家爱德华·斯普朗格将价值观分为以下六种类型。

第一种是经济型，比较强调学以致用且重视实用价值，拥有很强的现实主义倾向和实用主义倾向，习惯以行为带来的经济效益为依据来判断其价值。

第二种是理论型，习惯用理论理解和解释事物，通常会将现实事件纳入理论体系，对真理和抽象事物的探索兴趣较大，且厌恶不合乎道理的事务。

第三种是审美型，比较重视自身形象，厌恶现实中争名夺利的行径，认为只有令自身美的体验才是有价值的，甚至为了避免卷入纷争而对事物较为冷漠。

第四种是政治型，通常会将整个社会关系简单看成支配与被支配的关系，认为支配、领导他人的行为最有价值，习惯将人生看作斗争平台，甚至为了提升人生地位而不择手段。

第五种是社会型，属于与经济型、政治型相对的价值观，认为关爱他人和被他人关爱，以及彼此互相帮助才是最有价值的，其人际关系通常极为真诚且纯粹。

第六种是宗教型，认为较为神秘的体验是最有价值的事物。此类型价值观有数种偏向：有些偏重于尊重现实，有些偏重于寻求超越现实，有些则处于二者之间。

以上六种类型是理论分类，个体通常不会只有单一类型的价值观，而是具有由多个特性融合而成的综合型价值观，且会因为其认知及融合程度的不同，形成不同的价值观。

2. 价值观的特性

个体形成的价值观主要有以下三个特性。

首先，价值观带有很强的主观性。因为不同个体的先天条件不同，后天生长环境、经历也有所不同，所以对个体价值观的形成有不同的影响，最终根据个体的理解和认知，形成带有极强主观特色的价值观。这就造成在同样客观条件下，拥有不同价值观的个体的动机模式、行为模式也会有差异。

其次，价值观具有相对稳定性和相对持久性。价值观属于个体思想认知的深层基础，主要由其世界观和人生观决定，并随着个体认知能力的发展，在外界的影响下逐步形成，一旦形成，就具有相对稳定性和相对持久性。例如，在特定的时间、地点和条件下，个体对某些事物的看法和评价在外界条件不发生巨大变化的情况下，不会产生巨大的变动。

最后，价值观具有一定的历史性和选择性。因为个体的价值观是从出生开始就受到个体认知、家庭环境、社会环境、人生经历等的影响，所以其所处环境的情况会对价值观的形成起决定性作用。通常所说的"三年一代沟"，就是指时代特征塑造出的个体价值观的巨大差异。从这个角度来看，价值观也会随着环境改变、经验积累、认知程度的变化而变化。

3. 价值观的作用

个体的价值观对自身行为和认知调节起很重要的作用，尤其是对自我认知方面起决定性作用，其能够直接影响个体的信念、生活目标、理想和发展方向等。价值观的主要作用体现在以下两个方面。

一是对个体的行为动机产生导向作用。在同样的客观条件下，拥有不同价值观的个体会产生不同的动机、行为模式，其主要由个体价值观支配，只有经过其价值观体系判断后认为是可取的目的，才会最终转化为行为动机，并发展为个体行为。二是会反映个体对客观世界及事物、行为结果等的看法和评价。价值观属于认知信念和标准，代表个体对事件和行为的好坏、对错、喜恶的评判意见。这种评判意见会成为个体进行选择的标准。

4. 价值观与职业的关系

不同的职业在劳动的性质、强度、难度、条件、待遇上，都会有不同的区别，且职业的所有制形式、稳定性、发展趋势、经济性、社会性等方面都有差别，这就形成了各种差异化很大的职业体系。

个体对各种职业会产生极为不同的主观评价，这一方面是由个体的价值观决定的，另一方面则是由职业差异决定的，此外还受传统思想观念影响，即不同职业在民众心中的声望和地位有高低之分，这些评价都会在一定程度上影响个体的职业价值观，甚至影响个体的职业方向和岗位的选择。

从此角度来看，价值观和职业的选择、职业生涯的规划息息相关，如个体的价值观影响了最初其对某职业的评价和认识，这种评价和认识虽然会随着个体对此职业的了解发生一定的改变，但最初的评价和认识非常容易占据绝对地位，并影响个体对职业的选择。

（二）职业价值观的分类

个体的理想、信念、期望及动力对职业的影响集中体现在职业价值观上。通俗来说，"人各有志"中的"志"表现在职业发展和选择方面就是职业价值观，即个体在职业生涯中表现出来的一种价值取向。通常来讲，个体的择业标准、职业评价能够清晰地体现其职业价值观。

最为常见的 12 类职业价值观的具体内容如下。

1. 兴趣特长类

拥有此类职业价值观的个体通常将自身兴趣和特长作为选择职业的最主要因素，并且可以在选择从事的工作中获得成就感和乐趣，甚至会为了从工作中获得成就感和乐趣，拒绝做不喜欢和不擅长的工作。

2. 收入财富类

拥有此类职业价值观的个体通常将薪酬作为选择工作的重要依据和因素，选择职业的目的或动力也主要源自对收入和财富的追求，希望通过薪酬改善生活质量，并彰显地位和身份。

3. 自由独立类

拥有此类职业价值观的个体通常渴望高自由度，充分掌握属于自己的时间和行动，希望工作中弹性十足，约束较少，不希望和太多人产生工作关系，属于不想受制于人，也不想制人的状态。

4. 权力地位类

拥有此类职业价值观的个体渴望拥有较高的权力，并希望通过影响或控制他人，实现自身意志，同时会认为拥有较高的权力和地位才能够受人尊重，在获取权力和地位的过程中获得成就感和满足感。

5. 自我实现类

拥有此类职业价值观的个体在选择职业时，通常期望其能够为自身提供更多的平台和机会，以便使自身能力、技术等得到全面运用和施展。其在运用自身能力、技术时，会获得满足感和成就感，从而感受到自我价值。

6. 自我成长类

此类职业价值观选择职业的最主要目标是给予其锻炼和培训的机会，能够丰富个人经验、阅历，提高能力，在获得更多经验的过程中得到满足。

7. 人际关系类

拥有此类职业价值观的个体会将工作过程中的人际关系看得极为重要，渴望创造一个和谐、友好且彼此关爱的工作环境，同样也希望能够在这样的工作环境中实现自身价值。

8. 环境舒适类

拥有此类职业价值观的个体将工作环境看得极为重要，只有在工作环境舒适宜人的情况下，才会感到舒心和宁静。

9. 身心健康类

拥有此类职业价值观的个体将自身身体、心理健康看得极为重要，无论选择哪种职业都会避免过度劳累、危险，同时也会避免工作中处于紧张、恐惧和焦虑的状态，身心健康就是其获得的最大成就。

10. 社会需求类

拥有此类职业价值观的个体通常会具有很强的社会意识，期望通过职业为集体和社会做出贡献，并响应组织和社会的号召。在做出贡献时，会获得极大的成就感。

11. 工作稳定类

拥有此类职业价值观的个体渴望较为稳定的工作，不希望遭遇由时代发展造成的职业变动或组织变化，追求的是职业稳定平安、避免奔波寻找机会等，能够稳定在某职业就会获得极大的成就感。

12. 追求新意类

拥有此类职业价值观的个体渴望更加丰富多彩的工作和生活，喜欢变化和创新，甚至希望工作内容经常出现变化。当长时间进行同一类工作内容时其会感到单调枯燥，但新鲜的工作内容出现后就会极富激情。

(三) 影响职业价值观的因素

影响个体职业价值观的因素主要有以下三个方面，分别是发展因素、保健因素和声望因素。

发展因素主要是指与个人发展相关的各种职业要素，包括发挥才能、工作自主性、工作机会、竞争模式、工作挑战性、培训学习机会、晋升机会、专业方向、发展空间、产业趋势、与兴趣爱好的匹配度等。这些职业要素都和个人的提升、发展有巨大关系。

保健因素主要是指与个人生活、福利待遇等相关的职业要素，包括工资待遇、福利待遇、保险待遇、职业发展稳定性、工作环境舒适度、交通条件、生活便利度、工作时长等。这些职业要素都和个人的生活保障相关，因此称为保健因素。

声望因素主要是指与个人职业声望或社会声望相关的职业要素，包括产业知名度、产业发展趋势、企业知名度、企业规模、产业社会地位、行政级别等。这些职业要素都和个人的职业或社会声望有关。

以上三个方面都会对个体的职业价值观产生影响，从而在其职业选择和职业衡量时产生影响，不过不同因素对职业价值观的影响程度有所不同，如有些个体对工作环境舒适度、交通条件的关注度极高，那么对应的职业条件就会成为个体是否选择该职业的决定性因素。

(四) 大学生职业价值观的确立

在不同的时代和社会发展背景下，个体的职业价值观、择业取向会有很大的差异。就大学生而言，不同的学生拥有不同的生活阅历、家庭环境和思想观念，其生活的地域习惯和风俗也不同，同时每个大学生都有独特的兴趣爱好，因此最终的择业价值取向也会有很大的差距。

1. 大学生择业价值取向特征

大学生择业价值取向主要有以下几个特征。

首先，大学生在职业追求方面更加注重职业是否能够实现的个人价值，也就是说，其会较多考虑职业对自身的影响，较少考虑职业的社会价值，即该职业能够为社会和国家产生何种价值。这其实是价值取向的失衡，在考虑职业对个人价值影响的基础上，还需要考虑到职业对社会和国家价值的影响。

其次，大学生在择业时会将经济收入和福利因素（经济利益）放在首位，这种择业价值取向会影响其对职业生涯方向的认知，甚至影响其职业生涯规划。相对而言，在择业过程中，职业为个体带来的各个方面的影响都应该考虑在内，包括经济收入、未来发展、专业和能力的发挥、社会需求等，而不是将经济利益放在首位。

再次，大学生择业时，普遍向往发达地区，这从个人角度来看无可厚非，但对整个社会的发展产生极大不利影响，很容易影响边远、贫困地区的发展和蜕变。

最后，大学生对职业方向的选择，可能会因为个体价值观的差异，而在学与用、生活目标与长远发展、物质享受与精神理想之间产生一定的冲突，从而将学习期间获得的知识与经历简单看作技能的获取，从而缺失在择业时应该具备的精神素质和文化底蕴。

2. 树立职业价值观的注意事项

大学生的高校学习生涯是进入社会职场前非常重要的准备阶段，在树立职业价值观的过程中，需要注意以下几方面的内容，从而为后续合理的职业生涯规划打下坚实的基础。

第一，要注意处理好职业报酬和职业价值观的关系。职业报酬是确立职业价值观时首先要面对的内容，对于大学生而言，若家庭经济条件不好且生活中经济需求较大，那么将高职业报酬作为初期职业发展的主要需求并无过错，但部分刚毕业的大学生，其知识、能力、经验等无法匹配高报酬职业，所以进行职业选择时一定要避免"一夜暴富"的心理，前期需要理性降低对报酬的期望值，将眼光放长远，在满足基本经济需求的条件下，尽可能树立促进自我成长和自我实现的职业目标。

第二，要注意处理好兴趣爱好、特长与职业价值观的关系。个体的兴趣爱好、特长是职业生涯发展中的重要参考因素，作为大学生同样如此。因此，确定职业价值观时要慎重考虑是否与自身的兴趣爱好、特长相适应和相匹配，若选择与自身兴趣爱好、特长相匹配的职业，能够充分调动个体潜能，形成职业发展原动力。

第三，要注意处理好职业价值观的排序和取舍。个体的职业价值观并非唯一，其会随着个体的发展、社会需求、目标追求、能力的提高等条件的变化而变动，也会因个体的欲望而多种多样。在进行职业选择时，个体不可能通过一个职业发展方向将所有目标和期望都实现，所以在选择过程中一定要懂得取舍。可以先将职业价值观按重要、次要、可有可无等排序，从而在进行职业选择时，使目标更加清晰。

第四，要注意处理好个体与社会之间的依存关系。任何个体都无法离开社会而独立存在，所以在进行职业选择时要将职业对社会的贡献和价值纳入职业价值观中，即在考虑个人需求和个人因素时，也要考虑到社会责任，从而推动个体选择更适合其发展并且有助于社会发展的职业。

第五，要注意处理好个体名利的得失关系。追逐名和利是个体的基础欲望之一，尤其是在职业发展中，追名逐利无可厚非，但必须要处理好名利得失的关系，不能一味地追名逐利，却有损他人或社会发展，只有合理、合法、公正、公平地追名逐利，才能够在促进个体生活水平提高、精神满足的基础上，对社会产生益处。

二、职业能力探索

个体只有对自身能力拥有正确且较为客观的认识，才能够在设计职业生涯规划、选择职业方向、确定职业发展目标和制订职业发展计划等方面得心应手，错误估计自身能力可能会令个体对自身的职业定位产生偏差，从而无法在职业生涯中更好地发展与成长。若对自身能力预估过高，且对自身能力的特点认识不准确，那么职业定位时就可能出现与自身不匹配的现象，在职业活动中就很难达到预期，最终陷入自我挫败感之中；若对自身能力预估过低，且对自身能力特点认识不准确，就容易浪费自身才能，无法得到更好的发展，从而难以获得成就感。

（一）认识个体能力

能力是指个体顺利完成某项活动所需要的主观条件和水平，是个体在完成某个任务或目标过程中体现出来的素质。从其含义就可以看出，能力通常会和实践活动紧密联系，若离开实践活动就无法表现出个体的能力，也就无法使个体的能力得到提升。

1. 个体能力体系

个体能力是一个多能力融合的综合体系，每个人具备的能力都不仅有一种，而是多个方面，甚至是多个层面，包括观察能力、组织能力、沟通能力、领导能力、创造能力、适应能力、联想能力、想象能力、记忆能力、号召能力、学习能力等。

如今是知识经济时代，新鲜的事物、知识层出不穷，因此学习能力是最重要的能力之一，只有不断地学习才能够跟得上时代前进的步伐。

个体的能力体系通常会包含相对较强的能力，也包含一般的能力和较差的能力，最终这些能力以特定的结构结合，形成了个体能力。不同个体的能力结构也会有所不同，形成了具有极大差异的个体能力。

因为个体能力的差异，所以在各种实践活动中处理的方式方法也各不相同，也就出现了完成同类任务活动，但有不同的过程或结果的现象。例如，两个人都能够很好地完成同一团队的管理，但管理方式却有极大的差距。

人可能会通过个人的沟通能力、技术能力、教导能力等完成管理；也可能会通过信息收集和调查能力、分析能力、精准决策能力等来完成管理。

2. 提升个体能力的方式

可以通过以下三个步骤来提升个体的能力。

首先，需要了解自身能力的优劣，找到最突出的能力，并通过活动，分析其最需要的能力。将需要的能力分解，找到个体能力体系中最欠缺的部分，通过对欠缺能力和自身的分析，确定能力提升的目标。可以通过列表的方式来逐一寻找，这样需要提升的目标就会一目了然，努力的方向也就极为清晰。

其次，需要在罗列目标的基础上，结合自身情况制订出提升对应能力的行动计划。制订计划时需要注意两个内容。一是剖析自身的知识结构和能力架构，从合理优化知识结构的角度来制订计划，因为知识结构和能力架构属于个体能力的核心基础，只有建立和完善合理、科学的知识结构和能力架构，才能有效提升自身能力。二是要尽可能发挥自身优势能力，使优势能力结合需求弥补对应的短板，令优势更优，呈现出压倒性特征，完善能力架构；若任务活动确实需要自身不擅长的某种能力，那就必须通过努力将该短板补齐，在满足任务需求的同时完善自身；若在努力后发现自身性格和习惯无法将短板补齐，那么就需要考虑转换职业道路。

最后，行动计划制订后，最重要的一步就是要将计划付诸行动，通过行动来锤炼自身。能力的形成虽然是基于知识的掌握和积累，但有了知识仅仅是纸上谈兵，还需要结合实践和行动才能将知识转化为最终的能力。需要注意的是，在行动过程中，要将自己学到的知识、方法、工具等运用到实践中，并及时根据实践的反馈来完善知识结构，最终将其发展为能力。

（二）大学生的职业能力

职业能力是个体在顺利完成职业的各种活动时表现出来的较为稳定的心理特征和素质水平。大学生需要在了解职业能力构成的基础上，通过能力倾向测验来增加对自身能力体系的了解，从而在职业生涯规划和职业选择时能有所参考，并能根据职业现状来明确能力体系的改善方向，加强自身职业适应能力和职业应变能力。

1. 职业能力的构成

职业能力通常包含以下三个基本要素：步入职场后表现的职业素质，主要表现为基础职业能力；为胜任某职业必须具备的能力，主要表现为任职资格或专业能力；开始职业生涯后需要具备的职业生涯规划和管理能力，主要表现为职业能力。

（1）基础职业能力

基础职业能力是指任何职业均需要具备的几种基本能力，包括表达能力、人际交往能力、实践能力、适应能力、创造能力、心理调控能力、管理能力、终身学习能力等。

表达能力可以细分为文字运用能力、语言运用能力、数学运用能力等。人际交往能力可以细分为团队协作能力、汇报能力、总结能力、基础沟通能力等。实践能力主要表现为行动能力，包括手眼协调能力、形体知觉能力、颜色分辨能力等。适应能力表现为环境适应能力、应变能力、危机化解能力等。创造能力主要表现为创新思维和行动，包括观察能力、洞察能力、探索能力、研究能力、分析、判断、最终解决问题的逻辑思维能力等。心理调控能力表现为遭遇挫折时良好的心理承受能力、快速调整心态的能力等。管理能力主要分为两个部分：一是自我管理能力，即规划自身、制订计划、实施计划等能力；二是组织管理能力或团队领导能力，即运用管理知识影响组织或团队的活动，从而达成最佳工作目标的能力。终身学习能力是指不断获得新知识的能力，这也是永远居于时代浪尖不被淘汰的重要能力，包括信息收集、信息处理、信息分析、信息转化等。

（2）任职资格或专业能力

任职资格或专业能力主要体现在不同职业的需求方面，这是求职者胜任岗位必须具备的工作能力，也是供职方对求职者较为硬性的要求。例如，应聘教师岗位，需要具备基本的教学能力，通常以教师资格证（任职资格）作为标准。对大学生而言，最基本的专业能力就是对应专业的任职资格证书和高校毕业证书等。

不同的职业通常需要不同的专业能力，因此，大学生在进行职业生涯规划时，需要有针对性地匹配职业和专业能力，从而有计划地提升自身的专业能力，确保能够满足职业的专业需求。

（3）职业能力

职业能力综合了个体各方面的能力元素，在当前知识经济时代越来越受到关注，其主要包括以下四个方面。

首先是个体的职业道德，属于个人能力层面。随着中国社会和经济的快速发展，个体的诚信、社会责任心、品德等越来越受到重视，个体拥有完善、正向的职业道德，很容易发展出爱岗敬业、工作负责的态度特征，属于影响其整个职业生涯发展的核心关键能力。

其次是个体的社会能力，属于行为准则层面，包括个体的沟通能力、协作能力、自律能力、公正的判断力、谦虚宽容的处世能力等。这些社会能力是个体胜任岗位，并在工作中不断提高、快速发展的重要条件。

再次是个体的方法能力，属于个人规划和行动层面，主要包括以下三个方面的内容：一是收集、筛选信息的能力；二是制订计划、独立决策和行动实施的能力；三是自我评价和自我反思的能力。这是个体实现终身学习，以及与职业生涯发展相匹配的基础条件。

最后是个体的跨界发展能力，属于个人开拓层面，是其在不同职业和岗位之间跨越的延伸条件。通俗来讲就是个体要拥有能满足多种职业需求的基础能力，如运用外语解决技术问题、进行交流的能力，应用计算机专业软件的能力等。

作为大学生，在毕业之前就应该具备一定的职业能力，以便适应步入社会之后的职业需求，职业能力分类及大学生应具备的职业能力如表2-3所示。

表 2-3　职业能力分类及大学生应具备的职业能力

三大基本要素	职业能力分类	对应的能力	大学生是否必备
基础职业能力	表达能力	文字运用能力	是
		语言运用能力	
		数学运用能力	
	人际交往能力	团队协作能力	是
		汇报能力	否
		总结能力	否
		基础沟通能力	是
	实践能力	手眼协调能力	是
		形体知觉能力	
		颜色分辨能力	
	适应能力	环境适应能力	是
		应变能力	
		危机化解能力	
	创造能力	观察能力	是
		洞察能力	否
		探索能力	否
		研究能力	否
		逻辑思维能力	是
	心理调控能力	心理承受能力	是
		心态调整能力	
	管理能力	自我管理能力	是
		组织管理能力或团队领导能力	
	终身学习能力	信息收集能力	是
		信息处理能力	
		信息分析能力	
		信息转化能力	

三大基本要素	职业能力分类	对应的能力	大学生是否必备
任职资格或专业能力	职业需求的能力	各专业性能力（由不同专业大学生所学的专业知识和技能转化）	是
	职业道德	基本诚信	是
		社会责任心	
		品德	
	社会能力	沟通	是
		协作能力	是
		自律能力	否
		公正的判断能力	是
		谦虚宽容的处世能力	否
职业综合能力或关键能力	方法能力	收集、筛选信息的能力	是
		制订计划、独立决策和行动实施的能力	否
		准确自我评价和自我反思能力	否
	跨界发展能力	多职业基础能力	否

一定的职业能力是胜任某岗位的必备条件，应用型高校大学生了解自身的职业能力，可以明确努力方向，这也是职业能力发展的前提和基础。大学生可以根据表 2-3 所罗列的相关能力分析，有针对性地补齐短板，从而为职业生涯规划和未来职业生涯发展创造便利。

2. 大学生职业能力的培养

应用型高校大学生可以充分运用高校资源，有针对性地培养、提高职业能力。

（1）通过专业知识，学习、培养专业能力

通常大学生所学专业都对应特定的行业或职业，学习的专业理论、专业技术等是对应职业的核心内容。

专业知识的学习和强化需要从以下三个层面入手。

首先是通过努力学习专业课程，能够更快地学习和掌握相关专业知识，即使步入社会后从事与该专业不相关的职业，广阔的知识结构也能够令其获得更多机会。

其次是加强理论研究能力，尤其是专业理论的学习，不能仅仅停留在课程学习层面，而是要结合实践来丰富专业理论架构，构建起完善的专业理论框架，从而以学校的理论学习为基础，在后续工作中继续学习更高深的专业知识。

最后是需要通过学校的社会实践和培训等，逐步将专业知识向专业能力转化。这需要大学生能够结合能力体系，在实践中积累经验，并运用专业知识，将之转化为专业能力，同时需要及时反思和查漏补缺，促进专业知识体系的完善和专业能力的形成。

（2）通过学习通识知识，开拓基础职业能力

大学阶段的通识知识通常是大学生在工作、学习、生活中必须具备的基本知识，也是其能够开展职业工作的前提。通识知识普遍具有广阔的适用范围，可以有效提高大学生的组织管理能力、适应能力、沟通协调能力、创新能力等，是大学生形成基础职业能力的核心。

具体可以从以下三个方面着手提升通识知识的积累，培养基础职业能力。首先，需要广泛积累各方面知识。大学生应该注意不断拓宽知识面，构建较为完善且稳定的知识框架，为知识的积累筑牢根基，这也是培养各种能力的前提。其次，需要不断实践，在实践中运用所学知识，能力就是在这种不断实践的过程中培养、形成的，并在实践过程中表现出来。缺乏实践行动，再广博的知识也无法转化为个体的能力。最后，需要适当挖掘和培养兴趣。只有在兴趣的驱动之下，才会付诸更多的精力去完善对应的知识体系，从而培养出对应的能力。大学生可以围绕自身专业，逐步挖掘和发展与其相关的兴趣爱好，并以兴趣爱好为契机和支点，加强各种知识的学习。在此过程中，大学生需要注意强化自身优势，以便以优势能力为核心，构建出能力体系。

（3）通过高校的社会实践，培养职业能力

实践对于能力的培养和形成极为重要。对大学生而言，在高校学习时要参加一些相对有优势的社会实践，如社团活动、毕业实习和见习、勤工助学活动等。

社团活动是高校校园文化的重要载体，更是大学生丰富校园生活、培养兴趣爱好、参与活动、扩充知识面和开阔眼界、扩大交友范围和提升沟通协调能力的重要渠道，大学生应该积极探索各种社团活动，寻找与自己兴趣爱好相契合的实践内容并参与。

毕业实习和见习是大学生在高校学习期间非常重要的实践活动形式，通常由高校院系组织，能够为大学生提供社会实践的机会，同时大学生通过毕业实习和见习，能够提前了解产业、行业、职业，熟悉单位的工

作方法和工作内容等，还可以向有经验的工作人员学习，对未来的职业生涯发展益处良多。

　　大学生的课余时间较为充分，勤工助学活动不仅能够令大学生的课余丰富充实，而且能够提供劳动报酬，可有效减轻家庭的经济负担，另外还可以帮助大学生接触社会，为将来就业打下基础。

| 第三章 |

应用型高校大学生就业环境认知解析

第一节　大学生就业困难的原因及相关对策分析

随着近 20 年来大学毕业生数量逐年增加，中国社会经济发展整体放缓，且经济结构开始进行调整，整个社会环境造成了就业结构的变化，就业形势日益严峻。社会外在环境和大学生内在因素的共同影响，造成了大学生就业困难的现状。

一、大学生就业困难的原因

从整个社会发展和大学生特征来看，大学生就业困难主要是由两个层面的因素引发的，一个是经济环境变化，另一个是大学生内在因素。

（一）外在环境因素

中国经济整体处于变化和调整的状态，这种状态影响了整个就业外在环境，主要体现在以下几个方面。

首先，经济的变化对就业规模产生了挤压效应，尤其是传统支柱型产业处于企业改革阶段，无论是传统企业的加快重组、落后产能淘汰、产能过剩现象等，还是国际经济发展形势剧烈波动、新兴经济体面临结构调整、出口大幅下滑等问题，这些都对就业产生了影响。

其次，企业的升级转型和市场预期情况都对就业产生了巨大影响。例如，很大一部分企业的技术创新能力较为薄弱，产品结构的转型步伐非常缓慢与艰难，又受到内外市场竞争的影响，使很多企业不得不改变竞争策略，甚至有些企业开始控制人员成本。这就造成大量就业岗位缩减，从而影响了整个就业市场。

再次，社会企业和经济环境对大学毕业生的需求越来越高，随着企业转型的推进，中国人才市场整体表现出中高层次人才短缺的问题，社会对复合型人才和开拓型人才的需求极为迫切，即对人才需求层次的重心上移。社会对高端人才的需求大增，造成同层次的毕业生产生了激烈的竞争，为了能够获取高端人才，很多企业开始将准入门槛提升到硕士毕业生和博士毕业生，这就造成一些企业盲目追求高学历人才，导致本科毕业生和专科毕业生就业困难。

最后，大学毕业生的整体能力素质与企业要求存在较大差距，很多用人单位开始对大学毕业生的思想道德觉悟、职业素养、敬业精神、综合素质等提出了越来越高的要求，不再只看重专业，更注重的是个体的品质和综合能力。一大部分大学毕业生尚未转变自身的就业思维和提升模式，根本没有足够的思想准备，从而造成供需要求不匹配，形成了就业困难。

（二）内在环境因素

大学毕业生就业困难的现状并非全是由外在环境造成的，还有很大一部分是受大学毕业生自身问题的影响。

1. 就业心理问题

造成就业困难的主要因素是大学毕业生的就业心理问题。虽然有一部分大学生经历过高校学习，在各个方面，尤其是心理层面更加成熟，培养出了积极的就业动机和强烈的就业意愿，渴望通过就业来实现自身的人生价值，同时也能够在就业市场准确找到自身的定位；但是有一部分大学毕业生却会因为激烈的就业竞争产生极大的心理压力，或者对自身没有准确的定位，最普遍的现象就是很多大学毕业生感觉无法找到"理想的单位和职业"，就业市场上很多用人单位急需人才却招聘不到应届大学毕业生。

从这种普遍现象可以看出，大部分大学毕业生的就业期望值一直居高不下，并不关注职业和事业的未来发展，而是将关注点集中到了高薪、舒适、名气、大城市、大企业、工作条件好、生活待遇高、福利丰富等条件上，不会分析整体就业环境和企业发展模式等。

另外就是很多大学毕业生对自身没有准确的定位，会将职业理想和就业现实混淆，因为对现实情况的了解严重不足，甚至遭遇的社会挫折较少，所以心理承受能力有限，遇到问题就容易出现心理问题，如遇到挫折易打退堂鼓、没有明确发展方向、无法对工作提起兴趣也毫无动力等，这些都严重制约了其职业生涯的起步和发展。

2. 就业观念问题

在大学毕业生中，有很大一部分毕业生就业过程中认为无法找到合适的职业，就业困难的最大原因就是自身缺乏工作经验，从而产生了极大的失落感和迷茫感。

另外，有很多毕业生期望一毕业就能够进入大公司、大企业，或者体制内行业等，因为这类企业和行业就业稳定性高、收入稳定且发展空间大，而对一些中小型企业或新兴行业则不屑一顾，不愿意去了解和参与。

还有一个比较明显的情况就是大学毕业生对企业薪酬的看法更加现实，对薪酬的要求也越来越高，最终造成了高不成低不就的尴尬境地。

这些其实都是由大学毕业生就业观念出现偏差造成的。就工作经验而言，绝大多数企业招聘应届大学毕业生会进行相应的岗前培训和入职帮带，但因为这样的模式会造成巨大的成本投入，所以自然会对应较低的薪酬待遇。很多大学毕业生并未对产业情况、行业情况和企业情况进行详细了解，片面地对职业的工作内容、薪酬待遇、工作环境等进行评价后，就草草得出了不适合的结论，这不仅是对企业的不负责任，也是对自身的不负责任。

无论是哪个职业发展方向，工作经验都是一点一滴逐步积累起来的，根本没有任何捷径可走，因此，大学毕业生需要主动完善自身的就业观念，以发展的眼光去看待各种机会，而不是通过片面的分析就仓促决定，放弃机会后又抱怨就业困难。

二、缓解就业困难的相关对策

针对日益严峻的就业形势和大学毕业生就业困难的现状，国家通过扶持类就业政策对其进行转变和缓解，如"大学生志愿服务西部计划""大学生村官""三支一扶""直招士官""应征入伍"等，同时也一直在鼓励大学生自主创业，并给予了很大的支持和引导。

国家政策方面已经给予了大学生就业极大的支持和促进，在此基础上，大学毕业生还需要从自身角度入手，即从自身能力、心理素质、就业观念等多个层面进行自我完善，以提升就业竞争力，这样可以有效缓解就业压力。具体可以从以下几个方面着手。

（一）提高综合素质

大学毕业生应该在充分了解国家就业政策的基础上，把握好就业形势和就业方向，谨慎选择职业发展方向。同时，需要有针对性地培养和完善自身的综合素质和能力，不仅包括扎实的专业技能，而且包括人际交往、团队协作、流畅沟通、实践操作、为人处世、演讲口才、独立思考等方面的能力。

在当今就业形势和社会经济发展情况的影响下，绝大多数企业的用人标准都是非常现实和实际的，尤其是一些对可操作性和团队协作较为注重的企业，宁可选择一些学历并不太高但具备更完善综合素质的人才，也不会选择仅有单一能力的高学历人才。

所以，根据社会发展的人才需求趋势，大学生应该在大学阶段就有意识地提高自身的各方面能力，以搭建更加合理的知识架构，成为社会广泛需求的复合型人才，以提高自身的就业竞争力。

（二）制订合理的职业生涯规划

大学生若想让自己的提升和成长更具有针对性和方向性，就需要尽早制订较为合理的职业生涯规划，并主动参加职业培训。

首先，需要树立正确的职业理想和确定最契合自身的职业发展方向，从而为自身设立一个极为明确的努力目标，根据这些职业目标能够更加合理地规划学生阶段的学习和实践。

其次，需要挖掘自我认知能力，正确且客观地进行自我分析和职业分析，并有针对性地根据自身的兴趣、爱好、气质、兴趣、能力、性格等，发展和培养出最具竞争力的综合能力。

最后，在毕业前的求职过程中，大学生一定要结合自身的现状，对自身进行正确的定位，应聘时更需要综合结合自身的专业、兴趣、能力、发展潜力等各方面因素，选择对应的应聘单位和职业，并做到职业、薪酬、成长空间、发展方向等与自身相宜。

（三）调整心态克服就业迷茫

从上述分析可以看出，如今所表现出的就业困难，与其说是大学生就业难，不如说是大学生就业迷茫。造成这种情况最主要的因素就是大学生的心态没有调整好，尤其是在择业过程中，部分大学生并非从自身特点、专业特性、发展方向、自身能力、社会需求等层面出发，而是仅看眼前且盲目攀比，从而无法摆正心态，最终导致无法适应就业形势。

大学生就业心态的调整，可以从以下几个方面着手。

首先，择业目标要明确且与自身特征相符，而目标最终的确定，需要一定的实践、反思、分析，切记不可脱离实际确立择业目标，从而打击自身信心，丢失适宜的就业机会。

其次，在确立择业目标和求职过程中，需要先将自我放空，抛却侥幸心理和虚荣心理，不要盲目攀比，根据自身具体情况和现实情况及时调整心态，不因从众心理而改变原有的清晰目标。

再次，求职过程中需要保持空杯心态，将就业期望值降低，找到和自身特征、情况相契合的就业期望值，再去参与就业竞争。若初期就确定过高的期望值、过于理想化，甚至刻意追求完美结果，必然会错失很多机会，最终导致就业困难。

最后，要从整个职业生涯的角度去认知就业，要清晰地认识到就业并不是职业生涯的终点，而是起点，尽早踏入起点并沿着正确的方向发展，这样才能够在未来的职业生涯中越走越顺畅，并逐步实现自身的职业理想和职业目标。大学生应该明白，与就业机会相比，其更需要关注的是自身各项资本的积累，尤其是经验和适应能力的培养，这是未来职业成功的基础。基于这个角度认知就业，大学毕业生可以积极主动从企业基层做起，并努力积累实践经验，推动自身快速蜕变。

（四）借助新媒体灵活就业

随着互联网的快速发展，新媒体层出不穷，网络资源堪称无限，借助新媒体的发展和机会，大学生可以挖掘适合自身的就业岗位，甚至自主创业，实现灵活就业并快速走上职业生涯规划的道路，为实现职业理想创造一个精彩的开端。

第二节　家庭环境与学校环境认知分析

不同个体因受到不同成长环境的影响，形成了不同的性格、人生态度、价值观、世界观等。综合而言，个体所处的环境主要有两类：一类是内在环境，通常指的是家庭环境；另一类则是外在环境，是指家庭以外的环境。其中，学校环境属于较为特殊的过渡性环境，是家庭环境和社会环境、职场环境的中间过渡环境，对个体成长、成熟的影响同样极为深远。

一、家庭环境认知分析

家庭环境是指个体家庭中由人或事形成的内在环境，通常是指个体所处的家庭中父母间的融洽程度、对个体的教育方式等。

家庭环境是个体成长的根基，在个体的早期成长阶段，约有 2/3 的时间是在家庭环境中度过的，而且此阶段个体会完全依赖家庭成员，所以家庭环境对个体一生的成长方向和发展起着至关重要的作用。

家庭环境对个体的影响是多层次、多方位的，通常良好的家庭氛围（家庭占优势的一般态度和感受）是个体形成良好心理素质的前提。该氛围是由家庭成员的语言和人际氛围综合构成的，直接影响家庭中每个成员的心理，对个体的个性和品格、道德体系根基的形成起着决定性作用。家庭环境对个体的就业观念、职业选择、职业生涯规划等也有一定的影响。

（一）家庭环境对个体就业观念的影响

家庭环境中，父母的学历、社会背景都会对个体的就业观念产生影响。

大学生的父母最高学历可分为五类，分别是小学及以下、初中、高中、大学、研究生及以上，不同的学历对个体教育的支持力度有所不同，且不同学历的家长，其职业背景也会有所不同。例如，父母在知识水平和经济能力方面占据一定优势，那么在子女教育方面，无论是方法还是教育资金的投入都会更加从容，这样个体在成长过程中获取的教育资源就更具优势，知识体系也更加全面、稳固。

父母的职业声望也会对子女毕业后的就业观念造成影响。例如，父母的职业声望高，子女大学毕业后的就业结果就容易出现"三高一低"的现象，即月收入高、职业期待吻合度高、职业满意度高，但职业和专业相关度低；而父母的职业声望低，子女大学毕业后的就业结果则容易出现"三低一高"的现象，即月收入低、职业期待吻合度低、职业满意度低，但职业和专业相关度高。

从家庭环境特征来看，父母的职业声望较低的家庭中，子女毕业后的就业更加被动，这主要是因为在家庭条件的熏陶和影响下，大学生对职业岗位更加珍惜，所以会忽略自身的职业生涯规划或职业发展方向，即先就业再择业。

（二）家庭环境对个体职业选择的影响

影响个体进行职业选择的因素很多，家庭作为个体早期的主要生活环境，对其职业选择的影响极为深远。在家庭环境中，父母的期望值、家庭成员的社会地位、家庭的经济情况等因素，都会在大学生职业选择的过程中留下痕迹。

这种影响会随着个体的成熟（知识的丰富、职业意识的觉醒、心理状况的成熟等）而降低，但家庭作为职业后盾力量的影响不会消失，尤其是子女在职业选择的道路上或职业生涯发展过程中出现问题时，如犹豫不决、不知所措等，都会不自觉地向家庭寻求帮助，此时父母的意志和引导就会成为子女做决策时非常主要的参考因素。

家庭环境对个体职业选择产生影响的因素主要有以下几种：父母的期望、家庭教育和养育的方式、个体的成长经历、家庭中重要的他人（父母之外）、家庭居住地、父母的职业方向、个体的出生次第、个体与父母共同的兴趣爱好等。若将这些因素按影响程度排序，首先是个体的成长经历，其次是家庭教育和养育的方式，再次是父母的期望，最后依次是家庭居住地、个体的出生次第、家庭中重要的他人、父母的职业方向、个体与父母共同的兴趣爱好。

家庭居住地对个体职业选择的影响，主要体现为在县镇村居住的个体在选择职业时，通常都不希望回到原居住地工作，而是会选择更大的城市；原本在城市居住的个体，则通常会选择回居住地所在的城市工作，或者到附近更大的城市工作。

个体出生次第主要是指非独生子女家庭中，其出生的前后顺序，通常排行最大的个体在进行职业选择时，考虑的问题和对自身的限制较多，包括工作地点、职业报酬、榜样力量等。

家庭中重要的他人通常指的是对个体影响较大、感情较深或需求较为急切的祖辈或亲属，如个体对祖辈感情深厚，但随着祖辈年龄的增长，身体频现问题，就很可能影响个体向解决祖辈身体问题的方向发展，如大学专业和职业的选择。

（三）家庭环境对个体职业生涯规划的影响

个体成长的家庭环境会潜移默化地影响个体的职业生涯规划，主要体现在以下五个层面。

一是家庭环境的影响。一部分个体在大学毕业后会选择与父母相同或相近的职业，也有一部分受到父母职业的影响，对此类职业极为排斥。这些都属于家庭环境的影响。很多时候，家庭中父母的职业声望越高，个体在就业过程中依靠父母解决就业问题的可能性就会越大。

父母职业声望不同，也会对个体产生不同就业方面的心理影响，如父母的职业声望越高，个体就业时的自信心或从容度就越高，因为其就业的选择空间较广，即使无法进入某个岗位，也有信心进行其他选择。

二是家庭教育的影响。通常父母受教育程度会影响子女的就业：多数受教育程度较低的父母对职业的选择和职业生涯规划不了解，更容易关注经济收益较高的职业；而受教育程度良好的父母，对职业方向、职业选择，乃至职业生涯规划都有一定了解和认知，从而更关注子女在职业中的发展、舒适度等。

受教育程度良好的父母，因为其知识体系更加完善，所以对社会现状、社会发展、教育活动、就业机会、职业预期等信息掌握得更全面，这会对子女的就业能力、职业定位等产生积极影响。

三是家庭的支持力度，即家庭中成员的受教育程度和职业地位影响其对个体生涯的指导和帮助、对个体职业方向和职业选择的引导等，不同的家庭对个体的支持力度和方式也会有所不同。例如，家庭经济状况较好的个体，在就业观念、就业压力、职业选择、职业生涯规划、就业能力等问题上都会优于家庭经济状况较差的个体；在家庭经济状况相似的家庭中，父母受教育程度更高，能够给予个体的精神支持和思想支持更优越，即父母会鼓励其去追求更契合兴趣和心理需求的职业，这类个体在职业生涯规划时会更加成熟，目标也会更清晰。

四是家庭期望产生的影响，是指家庭成员对子女职业的期望值，在不同的家庭条件和家庭教育背景下，父母对子女的期望值也会有所不同。通常家庭比较期望值越高，其越容易选择一些大众化和较热门的职业，这些职业普遍象征社会地位和较高收入；如果家庭期望值较低，那么其选择职业时就会比较随意，更容易将兴趣爱好作为职业的目标和方向。

五是家庭需求对个体职业的影响。不同的家庭对子女的职业需求有所不同，通常经济状况较差的家庭，无论是父母还是子女，在择业过程中都会倾向于选择相对稳定、易于就业的职业方向和岗位，以便能够更快地满足家庭需求，缓解家庭压力。

通常情况下，个体做出就业选择时，会以家庭需求为潜在条件，仔细权衡职业的成本、收益等，同时会将自身消耗的教育投资和就业获得收入的方式进行对比，普遍认为收入越高，"投资收益"也就越高。部分父母会将教育投入与期待值挂钩，教育投入越大，期待值越高，渴望投资回收越急切，从而会给个体带来极大的心理压力。

（四）家庭教育促进大学生进行职业生涯规划的策略

从以上各部分内容可以看出家庭教育对大学生的就业观念、职业生涯发展方向的确定、职业定位、职业选择等均有极大的影响，因此，有针对性、有计划地开展家庭教育，将会对子女的成长和职业生涯规划起到促进作用，具体可以从以下几个方面着手。

首先，在开展家庭教育时，父母应该加强和子女的日常沟通，尤其是子女进入大学后，要及时通过沟通来了解子女的个性、心理状态、思想等，并有针对性地进行引导，推动大学生取长补短、完善知识体系、培养职业意识等。在此过程中，父母需要结合当代大学生的特点、子女的实际情况，有层次、分阶段地对不同的问题展开引导。

其次，父母需注重子女职业道德的培养。社会对各从业人员的职业道德水平有了更高的要求，父母应该循序渐进地引导、培养子女的职业道德，并提高职业道德水平，使其和社会发展的需求相匹配。

最后，父母应该结合社会发展的实际情况，对子女进行职业生涯规划教育和引导。开展职业生涯规划教育最主要的目的是增加子女对职业情况的了解，以便未来能够更好地融入社会，走上工作岗位。但是社会发展迅速，父母需要结合大学生自身的特点，同时以社会实际为根基开展职业生涯规划教育。例如，父母可以和子女一同了解社会上的热门和高薪职业，分析其中的利害关系，以便引导子女树立正确的职业意识。

二、学校环境认知分析

学校环境是大学生接触到的最接近社会环境的过渡性环境，但其本质依旧是教育环境，而大学生综合素质和素质体系的塑造，就有赖于教育环境的开发、引导和培养。良好的学校环境，能够促使个体产生积极健康、不断进取的情感和态度，学校环境对大学生职业生涯规划产生影响的因素主要有以下三个。

（一）大学的文化作用力

学校环境中最具竞争力的核心因素，就是大学文化底蕴，这是大学得以发展并承担教育重任的根本，一所大学的文化作用力主要包含以下四个层面的内容。

1. 大学的凝聚力

大学的创办和发展，都会有崇高的精神理念、由多代人共同信奉并付诸实践的价值理念贯穿始终，这是一种极具凝聚力的精神力量，也是大学发展壮大的关键因素，通常集中体现在大学的办学理念、价值追求、理想目标等方面。正是因为这种共同践行的精神力量，使大学中所有师生凝聚成一个整体，并一起为实现最终的共同目标而努力。

这种凝聚力是大学的核心和根基。例如，在抗日战争时期，大学纷纷内迁以存世，甚至校舍无存、设备不足、生活艰难、困扰连连，但这些困难并未令这些大学消失，而是秉承着延续高等教育的目标，并依托凝聚起来的精神力量求存图强，很多大学更是结合了自身的特点和优势为抗日战争服务。这种凝聚力不仅使高等教育得以延续，还留存了科技文化的精华，更将先进的精神和文化传播到了各处。

2. 大学的教育力

大学自诞生之日起，就已经将教育责任放在了其社会责任的首位。大学教育的本质就是通过大学文化底蕴和活动，使大学生产生社会化蜕变。

随着社会的快速发展，高等教育开始向大众化方向发展。因此，为了强化大学教育管理创新、优化教育管理工作，必须坚持"以人为本"的原则，即要在促使大学生的个性得到充分发展的基础上，实现社会化蜕变，最终成为社会需要的人才。这是大学教育力的本质，也是大学文化底蕴的传承途径。

3. 大学的影响力

大学是具有教育特点的文化机构，其并不是"象牙塔"，而是与社会发展密切相关的过渡性组织，因此大学也需要随着社会的多样化需求和多领域发展模式走上更多样的发展道路，真正服务于社会。同时，大学需要通过大学自身的影响力，广泛推广着眼未来、探究真理的精神和创新发展的思维，给予整个社会的发展以正确的价值引导，推动社会正向发展。

4. 大学的创造力

大学聚集着一群思想极为活跃、极具创造力的人才。新思想和创造力的不断碰撞，也为大学带来了新知识、新文化。如今，社会发展急需这种独特的创造力，其主要来自求真务实的科学精神、多元文化的交融、多样的文化品位和价值追求，富有创造力的大学不仅需要不断培养拥有全球意识和强竞争力的创新型人才，还需要发展建设成能为社会解决重大课题、提供科学依据，乃至成果的学术基地。

（二）大学的专业设置和选择

大学的文化作用力通常会通过潜移默化的方式影响大学生的成长，从而影响大学生的职业生涯规划。大学专业的选择，则是大学生正式进行职业生涯规划和人生规划的第一步。

通常情况下，进入大学所选择的专业会与大学生未来的职业和长远的人生规划及目标息息相关，而用人单位的招聘条件，首要考虑的也是大学生的专业、就业素质、特长等。

1. 专业选择的重要性

学生进入大学后，只有完成专业教学计划所规定的学习任务并获得认可，才能成为满足专业需求的人才，最终会获得学校赋予的专业标签。专业标签是大学生进入某类职业的有效通行证和敲门砖，尤其是对尚无工作经验和社会经历的大学生而言，专业标签显得尤为重要（能够在一定程度上提高大学生的就业成功率）。

大部分专业会有对应的就业方向。从这个角度来看，大学生选择了专业就相当于选择了未来职业的初步发展方向。从各个大学的专业设置来看，专业并无好坏之分，大学设置的专业均是社会发展需要的人才培养方向，因此作为大学生，应该根据自身的性格特点、兴趣特长、发展目标、人生追求等合理地选择专业，这样才能在大学生涯中提高学习热情，从而更快地适应大学生涯，快速提升专业素养和职业素质，为未来的职业生涯发展奠定基础，也能明确人生的初步发展方向。

2. 专业的差异性

知识经济时代的来临，使整个社会处于高度信息化和知识化的阶段，社会所需的各种专业人才之间的差异性已经越来越小，而对人才的综合知识程度的要求却越来越高。社会中的各行业和职业更看重人才的道德修养、个人气质、综合素质、知识结构、综合能力等，而不仅仅注重个体的专业能力。

在这样的背景下，大学的专业差异性也越来越小，只有在学生生涯阶段将自身培养为拥有较强学习能力，并不断吸收、学习、转化各种新知识的人才，才能在选择的专业基础上不断拓展，发展出更多、更全面的综合能力，最终在职业生涯发展中拥有更强悍的适应力。

因此，大学生不能将眼光局限于所选择的专业上，而是将自身置于更加广阔的天地进行全方位的学习和强化，毕竟任何个体的未来职业生涯发展，都不仅仅取决于大学阶段的专业选择。所选择的专业通常只是个体进入恰当职业和行业的初步需求，未来的职业发展依旧需要个体的综合素质能力。

3. 专业就业对口度

专业就业对口度是指大学生所学专业和毕业后所从事的职业的匹配程

度。随着社会的快速发展，大学生就业难的趋势越发明显，专业就业对口度已经越来越低。

这一方面是由大学生自身的职业期待值导致的，职业期望与职业现实的差距越小，职业期待值越高。通常，在大学生认为职业不符合期待值的原因中，首先是职业岗位收入，占据主要地位；其次是找到与专业对口的职业比较困难；再次是职业和自身的兴趣爱好不符；最后则是行业发展趋势和行业认知。

另一方面则是由社会发展需求导致。目前，社会中的职业有两个发展趋势：一个是行业和科技的精细化发展，即职业和岗位对人才的需求越来越精准，这就容易导致刚毕业的大学生尚未发展出精细化的研究能力、工作能力，从而寻找专业对口的工作更加困难；另一个则是社会中的职业对全面型人才的需求更多，大学生毕业后可以通过合理的知识结构找到非专业对口的工作。

（三）大学职业指导服务

学校的文化作用力会潜移默化地影响大学生的成长和成熟，大学的专业设置和选择会影响其职业生涯规划，大学职业指导服务则会影响大学生的整个职业生涯，因为其涉及引导大学生设计职业生涯规划，对确定职业方向和未来职业发展的影响较深。

大学职业指导服务是指围绕大学生的职业发展过程所提供的辅导、咨询、指导等，通常能够帮助大学生进行自我剖析、问题分析，以及提供职业咨询和导航等，引导大学生形成较为清晰、合理，且契合自身的职业目标、职业方向和职业追求等，同时推动大学生针对问题做出合理解决方案和设计合理的职业生涯规划。大学职业指导服务还可以为大学生提供就业指导和跟踪服务。

1. 大学职业指导的组织架构

大学职业指导通常由三个中心构成，分别是就业指导服务中心、职业发展咨询中心和职业指导教学服务中心。

就业指导服务中心是以为大学生提供就业指导为目标，融合各种学校资源。一方面，其统筹规划大学生的就业指导服务、就业能力提升、校企合作平台建设、毕业生事务管理等工作；另一方面，其统筹管理大学生的生源审核、毕业派遣、信息采集、档案管理、技能竞赛等工作，属于大学生就业指导服务的"统筹大脑"。

职业发展咨询中心则是以引导大学生学习职业生涯规划、培养职业发展意识为目标，融合校内外专家资源，其通常是由大学内部专业的职业指导人员和合作企业的职业生涯导师构成，主要负责对大学生职业生涯意识进行启蒙，并为大学生提供职业发展和职业心理咨询服务，通过沟通交流、企业实践、个性化职业心理疏导来实现对大学生的职业生涯指导。

职业指导教学服务中心是以系统的大学生职业发展教育和就业教育为目标，融合各类教学内容和教学手段资源。一方面是为了成立有关大学生职业发展教育和职业素质拓展、就业环境分析、就业能力提升、职业生涯规划和就业创业指导的教学团队，通过系统制订教学计划和方案，为大学生在校学习期间的职业发展和就业指导教育工作服务；另一方面则结合了创新教学形式和教学理念，以便为大学生提供个性化就业指导服务和就业跟踪服务等。

三个中心为相辅相成的服务模式。首先是由职业指导教学服务中心完成职业发展和就业指导教育的辅导，帮助大学生发现自身存在的问题，明确职业发展方向，并设计职业生涯规划；其次是职业发展咨询中心进行个性化沟通，引导大学生根据设计的职业生涯规划采取行动，实现蜕变；最后通过就业指导服务中心的引导和推动，落实大学生的毕业手续办理和求职面试等。

2. 大学职业指导的服务阶段

大学的三个中心，为大学生在以下四个阶段提供职业指导服务，分别是职业生涯规划教育阶段、就业能力提升阶段、就业指导服务阶段和就业跟踪服务阶段。

（1）职业生涯规划教育阶段

职业生涯规划教育阶段贯穿了大学生的整个学生生涯，通过不同学期设置的不同教育课程，实现职业生涯规划教育的全覆盖，确保大学生了解制定职业生涯规划的各个元素。教育内容包括职业生涯认知、职业测试、规划指导、职业竞赛4类。

职业生涯认知是从入学就开设的课程，目标是令大学生熟悉职业生涯的概念，并形成自我认知、环境认知，在了解整个职业生涯规划内容的基础上，引导大学生合理进行职业决策、生涯的制定和规划的实施，并形成契合自身的短期、中期、长期不同阶段的职业生涯规划书。

职业测试是从大学生的个性差异着手，对其进行个性化、科学化的职业指导，通过专业的测试来帮助大学生剖析自身，深入进行自我认知，充分了解自身性格特征、兴趣爱好、优势及劣势等，从而能够制订自我完善计划，并设计合理的职业生涯规划。

规划指导是在大学生对职业生涯有充分认知和充分的自我认知基础上，指导其树立正确的职业意识和职业生涯规划观念，并指导大学生设计和制定职业生涯规划书，使规划书更加科学合理，引导大学生根据主观、客观条件的变化及时对规划书和方案进行调整。

职业竞赛则是通过竞赛来推动大学生实践、尝试，使其快速成长。这些职业竞赛包括职业生涯规划大赛、就业与创业知识竞赛等，可以有效帮助大学生加强自我认知的同时，发现他人优势，形成良性竞争意识，推动自身的提高。

（2）就业能力提升阶段

大学生的就业能力提升阶段和职业生涯规划教育阶段相重合，主要有以下三个需要提升的内容。一是理论水平的提升，主要通过大学的综合性就业理论教学，促进大学生了解和熟悉与职业生涯规划和就业相关的知识，不仅完善了知识理论体系，而且为后续职业选择和规划的制定打下基础。二是实践能力的提升。这是在大学生理论知识水平提升的过程中，通过实践行动促使理论知识转化为能力。实践可以帮助大学生体验职业状态、了解职场情况及工作现实情况。三是心理素质的提升，其贯穿整个大学生涯，甚至延续到大学生就职后，主要有三个阶段的心理转变需要注意。一是从中学生到大学生的身份转变和心理转变，需要明晰大学生涯的目标和任务；二是在职业认知过程中职业意识的转变，推动大学生了解职业并形成职业意识；三是从大学生到职业人的身份转变和心理转变，促使大学生洞悉职业需求和社会需求，并构建职业道德体系。

（3）就业指导服务阶段

大学的就业指导服务主要是由就业指导专业人士向大学生提供辅导和帮助，使大学生对职业发展方向、职业特征、职业生涯规划等产生专业化认识。

大学中，能提供就业指导服务的人员有四类，分别是企业导师，即在企业中工作的专业人员通过在学校开展讲座或座谈，对大学生的职业发展进行指导，主要讲授的是企业择人标准、职业岗位要求、入职初期的自我定位、合理设定职业目标等内容。

专家学者，即取得中级或高级职业指导师资格的专业人员，在就业指导方面拥有极其丰富的经验，可以与学校合作，在特定的时间为大学生提供咨询服务，解决较为专业的问题。

优秀校友，即自大学毕业且在职业生涯发展上具有榜样力量的毕业生。他们是大学生就业指导服务中非常重要的资源：一方面，其能够发挥榜样作用，大学生可以参照优秀校友的特征来比照自身，从而有针对性地对自身优势和劣势进行改进；另一方面，优秀校友可以回到学校和大学生沟通，通过言传身教来实现有效交流，提高就业指导的影响力和说服力。

沟通平台，即学生通过各大学的信息化建设所创立的咨询沟通渠道，包括面谈、电话、网络平台、电子信箱等方式，指导根据自身特点和时间实现全方位咨询，帮助大学生解决自身问题。

（4）就业跟踪服务阶段

就业跟踪服务阶段主要在大学生毕业求职季、就业初期和稳定就业期提供分段式跟踪服务。

大学生毕业求职季的跟踪服务：一是鼓励大学生放眼长远，确定职业生涯发展的方向；二是根据大学生的求职过程，推动大学生及时对职业生涯规划的具体内容进行微调，以达到计划与实际结合的目的；三是提醒大学生按计划制订入职初期的职业生涯规划，从而更快地完成从学生到职业人的过渡。

就业初期的跟踪服务，主要集中在大学生就业后的半年左右，此时是多数大学生职业发展的波动阶段，很多大学生未来的职业发展方向是在该阶段明确。此时的跟踪服务主要完成以下三项任务：一是关注大学生对职业岗位的适应情况；二是引导大学生及时进行自我修正和心理调整；三是指导大学生能够坚定职业目标，明确职业发展方向。

稳定就业期的跟踪服务多集中在大学生就业后3年左右，此时是学生职业发展由就业初期步入稳定就业期的重要节点，其在学校制订的职业生涯规划的中期计划已经基本完成，因此需要跟踪服务来推动其落实职业生涯的长期规划。此时的职业指导内容开始转向职业提升和家庭构建，以及相关责任的承担和计划的落实。

大学职业指导服务体系如图3-1所示。

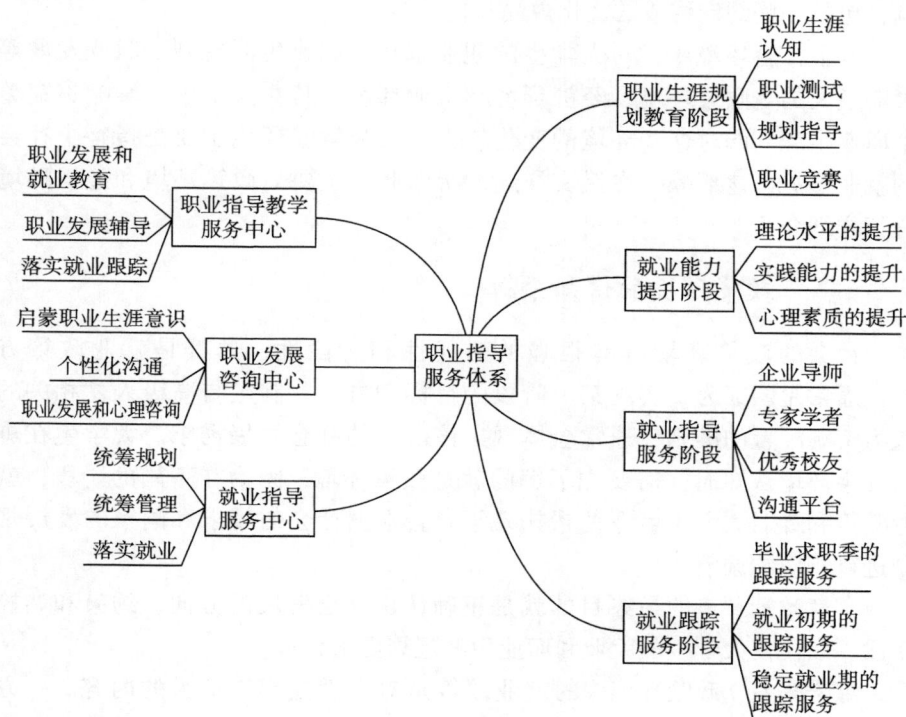

图3-1　大学职业指导服务体系

第三节　社会环境和职业环境认知分析

在应用型高校大学生需要认知的环境中，家庭环境完全属于内在环境，学校环境属于过渡环境，二者都是与大学生联系极为紧密的环境体系，相对而言对它们进行认知较为简单。除以上两种环境外，大学生还需要对社会环境和职业环境进行认知分析，在就业以及职业生涯发展过程中拥有更清晰、理性的判断和选择。

一、社会环境认知分析

大学生需要认知的社会环境，主要是指和大学生择业相关的外界大环境，包括政策环境、经济环境、地域环境、文化环境、就业环境等。其中，地域环境属于直接且现实的环境，变化较为规律且颠覆性变动不多；文化环境属于较为潜在的环境，每个人都需要且会受到其潜移默化的影响，包括一些约定俗成的文化内涵和传承等。

以上社会环境中，对大学生的职业选择、职业生涯规划、职业发展等影响最大的是政策环境、经济环境和就业环境，其对大学生的影响贯穿整个职业生涯，同时这些环境的变化较大。因为就业环境主要是指整个社会的就业形势，该部分会在后文详述，所以此处主要对政策环境和经济环境进行详细介绍。

（一）政策环境的认知分析

社会的政策环境具有很强的时代性和阶段性，尤其是就业政策方面，通常是国家为了实现某一阶段的目标和方针，制定与高级人才相关的人力资源配置的准则，通常会体现出该阶段的社会发展需求。大学生在进行社会环境认知时，需要先了解的就是政策环境，因为在不同的阶段，就业政策和针对大学生就业的帮扶政策，会根据社会的需求和国家的发展规划进行相应的调整。

了解政策环境的最终目的就是正确认识社会发展的方向、约束和调控手段，以便使大学生的就业和职业生涯规划更加合理。

综合来看，政策环境中的就业政策是对大学生影响最大的内容。一方面，相关政策保护求职者的权益，现今的就业制度就是在国家就业方针指导下实行的毕业生和用人单位双向选择的制度，即雇主和求职者之间是一种平等、相互寻找和选择的制度；另一方面，其约束求职者的某些会对社会职场产生负面影响的行为，以保护社会整体求职环境的正向发展。

目前，最主要的就业政策就是双向选择制度，此政策给予求职者更加公平公正的选择机会，给用人单位制定用工政策、吸引人才政策，给地区或城市制定了控制人才进入的政策等。这些也会对求职者的择业产生一定制约作用。

除上述政策外，还有学生培养相关的政策（委托培养、定向培养、专项奖学金）、人力资源管理和人事相关制度（薪资制度、公务员制度、人才工作制度等），也会直接或间接对大学生择业产生一定的影响。

当然，这些政策对大学生择业的影响主要体现在职业发展方向的确定和职业生涯规划的制定方面，更多的也是给予求职者较为公平、公正、公开的择业环境。具体求职者能得到哪些职位、会被哪些单位录用、能够得到什么样的机会（包括薪酬和发展空间等），是由其自身的能力、条件、整个市场决定。

（二）经济环境的认知分析

经济环境主要是指产业、行业、企业等进行营销活动时，面对的外部社会的经济条件，包括经济运行状况、发展趋势、产业竞争力、市场承载力等，这些都会直接或间接影响一个企业，甚至是一个产业的营销状况。

通常国家和区域的经济状况，都会影响企业的经济发展状况，从而影响到就业状况。

大学生在职业选择和就业的过程中，不可避免地受到社会经济状况的影响。从国家层面来看，社会经济的发展趋势和发展方向、科学技术的发展形势、劳动效率的变化、职业演化速度的提高等，都会对大学生就业产生影响；从区域层面来看，区域经济发展状况有巨大的不平衡性，这就造成多数经济发展速度较快的地区会成为大学生择业和聚集的热点。

例如，社会对 IT 人才的需求量不断增加和 IT 产业的快速发展，使近些年 IT 业在国民经济中的地位直线飙升，而 IT 产业的快速发展对人才质量提出了更高要求。大学毕业生扎堆向 IT 业聚集的状况，形成了大学生就业过程中的结构性矛盾，即需求与专业、水平的失衡。

失衡体现为高校培养周期和社会的需求变化频率无法同步。高校针对社会需求进行专业调适通常会有所滞后，再加上培养人才所需的时间较长，就容易出现人才短缺的现象。这就要求大学生能够熟悉经济环境对就业产生的影响，发挥主观能动性，主动克服外界环境给就业带来的不利因素，从而适应社会需求，发挥出自身的优势和特长，为职业生涯规划做好起步，打下基础。例如，知识经济时代来临，以高新科技为主导的产业的诞生和崛起，同样对大学生的就业产生了极大的影响。知识经济时代最显著的特征就是以信息技术为核心的高新科技产业的比重开始增加，全球范围内都开始重视知识人才的挖掘和培养，最重要的是整个市场范围内的消费观念也开始逐步向重视知识价值的方向发展。

知识经济时代对人类社会的方方面面都产生了极为深远的影响。在此背景下，中国的经济环境暴露出了不足之处，因为地域发展不均衡、技术发展不平衡，所以整个产业的格局和结构都在发生变动，企业制度也在快速调整，这同样对大学生的就业产生了巨大的影响。

在这样的经济环境下，大学生不仅需要强化自身的危机意识和择业竞争意识，正视社会的发展模式和经济变动，在正确进行自我评价和自我认知的基础上，通过加强学习来拓宽能力范围；还需要充分相信自身实力，以激流勇进的态度和锲而不舍的精神迎接社会竞争。

二、职业环境认知分析

职业环境是指在社会大环境中，某职业的发展情况、社会地位、未来发展趋势、技术含量等内容。

大学生之所以要认知职业环境，最主要的目的是通过对职业环境的分析，了解职业发展的方向、要求、影响、作用、趋势等，从而对职业发展进行科学合理的评估，并做出反应。综合而言，职业环境分析主要包括以下三个方面的内容。

（一）行业分析

行业分析就是以经济学理论为基础，运用统计学、经济学的分析工具，对某行业的运行情况、技术要求、生产工艺、产品方向、销售状况、消费层级、市场格局、行业竞争力等要素进行科学分析，以便发现行业发展的内在经济规律，从而有效预测行业的发展趋势。

作为大学生，虽然不需要对行业进行如此深入的分析，但首先需要了解行业的动态，如行业方向到底是什么？是制造和加工类行业，还是咨询服务类行业，或者是高新技术类行业？其次需要了解该行业在中国的发展趋势，洞悉该行业的种类。例如，是朝阳行业还是夕阳行业，是自由竞争类行业还是行政垄断类行业，是高利润行业还是微薄利润行业，是成熟型行业还是新兴成长型行业，是中低端传统型行业还是高端科技型行业等。

其中，朝阳行业就是未来发展前景较好的产业，夕阳行业则是未来发展前景不明晰或正在走上衰落的产业，如燃煤发电行业就属于夕阳行业，不仅国家政策一直在限制其发展，而且新能源发电行业的兴起也在对其造成冲击。

另外，不同的行业，要素的集约度也会有所不同。例如，资本密集型行业通常需要大量资本投入，如房地产、钢铁等；技术密集型行业则需要较高的技术含量，且技术需要不断更新，如飞机制造、飞船制造等；知识密集型行业则需要多方位智慧投入，如创意产业、设计产业等；资源密集型行业则需要高资源投入和消耗，如煤炭产业、木材产业等。

应通过对行业各个方面进行了解，结合政策趋势来对行业发展趋势进行分析。可以结合国家宏观经济状况及颁布的法规政策等，分析行业对人才的要求、需求量、扶持力度等，从而了解该行业的整体发展态势和人才要求，从而为大学生职业生涯规划提供支撑。

（二）职业资格分析

职业的分类和具体特征，已经在前文详细介绍，此处仅分析对应职业的从事资格问题，即职业资格。

职业资格通常是指对从事某职业必须具备的技术、能力、学识等的基本要求，甚至可以说是最低要求。职业资格包括从业资格和执业资格两类：从业资格是从事该职业的标准；执业资格则是政府对关系到公共利益的职业所实行的准入资格控制。

从业资格是针对个体而言的职业标准；执业资格则是针对开设某一职业类企业，或者从事某特定职业的个体实行的资格控制，如成为医师、建造师、造价师、环保师等均需要拥有对应的执业资格证书。

（三）企业分析

企业是大学生进入职业生涯后完成工作和任务的组织，是其步入职业生涯后极为重要的依托环境。企业分析，主要是对一切社会组织进行内部环境分析，包括企业组织的类型和性质、企业的实力状况、企业的资本构成体系、企业的发展历程和背景、企业的领导者情况和内部人才选拔机制、企业的发展战略和薪酬结构、企业文化和内部规章制度、企业发展模式等。其中，较为主要的分析因素有以下三个。

1. 企业发展模式

企业发展模式分析主要是为了洞悉其发展领域，最重要的是了解企业是否跨领域发展，即企业整体发展模式是在较为单一的领域发展，还是跨越多个领域发展。

企业能否跨越多个领域发展通常取决于两个因素：一是外界环境是否拥有让企业跨越多个领域发展的机遇，也就是外部条件；二是企业内部是否拥有支撑其跨领域发展的人才和资本，也就是内部条件。外部条件是企业得以跨越多个领域发展的先决条件，若外部条件不允许，即使企业拥有跨越多个领域发展的人才和资本，也无法实现跨领域发展的布局；而内部条件是否拥有多行业所需的专业知识和技能的人才，以及多战线布局的雄厚资本，是企业能否依托外部环境跨越多个领域发展的关键因素。

2. 企业的实力状况

企业的实力状况分析，主要是对企业在行业中的竞争力、发展前景、生命力等进行分析。例如，企业的发展历程和背景是否能够支撑其拥有较强的生命力，企业在行业、众多同类组织中，是否具有营销优势、市场优势，是具有较强竞争力，还是将被其他组织吞并，企业的战略布局是否将资源充分利用，企业的市场布局、人才布局、产品的发展布局等是否充分发挥了自身优势等。

企业的实力状况与众多企业元素相关，大学生在了解此内容时，可以先收集信息，对企业的情况进行初步分析，对企业的实力状况有一个简单的梳理。需要注意的是，并非企业越大、现在越强，其生命力和实力就越强，而是适应经济环境和行业发展趋势的同时，合理布局才能拥有更好的发展。

3. 企业文化

企业文化通常是由企业领导者倡导并遵循的，是得到了员工认可的行为准则和价值观念的总和。企业文化在一定层面上体现企业领导者的能力、抱负、眼界和管理风格（包括人才理念、管理理念、客户理念、服务理念、企业理念等）。

企业文化分为外在表现和潜在表现。公司的口号、标语、倡导内容等均属于外在表现的企业文化，但这些并非企业文化的核心和本质，整个企业贯彻的一种约定俗成的行为模式，才是企业文化的深层内核。

企业文化包含的是整个企业的经营哲学（企业行为的指导基础，偏向企业战略决策层面）、价值观念（企业全员共同的价值准则和价值目标）、企业精神（企业全员有意识地在实践中表现出的精神风貌）、企业道德（企业行为规范的总和，能够作为道德标准进行评价和规范，不具有强制性和约束力，但具有极强的感染力和示范性）、企业团队意识（企业的团队观念和内部凝聚力）、企业使命（企业为自身定位的在社会发展中需要担任的角色和承担的责任）、企业形象（企业经营特征和消费者认同的总体印象）、企业制度（企业发展过程中形成的对全员带有一定强制性和权力保障性的内部规定）等。

以上这些元素都属于企业文化的范畴，由多层次的内容集合而成，且对整个企业的发展和工作人员产生巨大的影响。

| 第四章 |

应用型高校大学生就业准备与求职技巧

第一节　应用型高校大学生就业前的求职准备

应用型高校大学生在求职过程中，最初被用人单位看到的就是推荐材料，其就如同大学生就业的敲门砖，只有准备的推荐材料足够吸引人，使用人单位产生兴趣，才能够进入面试阶段及最终的录用抉择环节。

大学生的推荐材料最主要的有以下三项内容，分别是封面、自荐信或他人推荐信、个人简历。

一、推荐材料的封面

个体的推荐材料，尤其是纸质版的推荐材料，需要用简洁明快的封面对其进行简易的包装，一方面是对求职的重视，另一方面是对用人单位的尊重。

通常情况下，推荐材料的封面风格要秉承标题明确、简洁明快、图案点缀的特点，可在封面上注明标题——"自荐书"，并按恰当的排版顺序写明姓名、院校、专业、联系方式等。当然可以运用一些小技巧提升封面的吸引人们注意的效果，但不宜过度，同时也需要针对职业方向进行抉择和匹配。

二、自荐信或推荐信的准备

推荐信通常有两类，一类是自荐信；另一类是他人推荐信。自荐信通常由个体自己来制作和书写，而他人推荐信的种类较多，如学校就业指导服务中心统一制作的就业推荐表、个体参与校园或校外实践活动后得到的推荐信等。

（一）自荐信

自荐信，通俗而言就是求职者写给用人单位的信，目的是通过自荐信来帮助对方快速对求职者有所了解，从而产生较好的初步印象，为后续的面试和继续沟通打下基础。

自荐信需要用精练的语言展示自己，态度需要诚恳、谦虚、大方得体。自荐信最大的作用就是建立个体与用人单位的沟通桥梁，通过书面的沟通来相互认识和了解，并以此为跳板，达成相互之间的现实沟通和交流，毕竟简单的书面介绍无法全面展现自身，只有通过现实的交流，个体才能有机会全面地展示自身的能力、才干、特长、技能等优势，最终得到录用的机会。

自荐信最主要的内容是表现自我以得到用人单位的关注和兴趣，实现进入面试阶段及最终进行双向选择的目的。要实现这一步，自荐信的内容就需要扬长避短，充分突出个体的自我优势，如对自身的性格优点、特长、掌握的技能进行恰当描述，从而在众多求职者中崭露头角。

个体撰写自荐信时，需要注意两个重要事项：一个是注意自荐信的格式；另一个是注意自荐信的内容及特征。

1. 自荐信的格式

自荐信的格式和一般的书信相同，分为四个主要部分：标题、称呼、正文、落款。

其中，标题要写"自荐书"，字体简洁优雅、大方得体，放置于醒目位置，通常是自荐信页眉下首行居中。称呼是指个体对自荐信推送方的呼语。若联系的用人单位极为明确，可直接用"尊敬的某某单位领导"，这里需要注意单位名称要确保正确；若用人单位并不明确，可用"尊敬的贵企业领导"，不需要冠以哪层领导职务，也不需要写明单位名称，采用敬语即可。正文则是自荐信的主要表现内容，需要在开篇向用人单位看此自荐信的人进行问候，之后直接切入正题，通过自我简介、自荐目的、素质展示、态度决心、结语5个部分来完善内容。其中，自我简介只需要将个体姓名、毕业院校、毕业专业等表明即可；自荐目的则需要表达对用人单位的认识和热爱，尤其是对应聘职业方向的认识和热爱，若联系的单位明确，则需要在投递自荐书之前对其进行了解，越详细越好，并阐述自身对单位最感兴趣之处；素质展示需针对期望应聘的岗位及其要求，阐明自身的才能和特长，包括个体的基本学习表现、政治表现、实践经验和表现，以及个体的特殊之处，包括特长、最大优势等，但不宜过多；态度决心主要是表达渴求和强烈期望的内容，语气需自然恳切、不卑不亢、言简意赅；最后的结语则是以书信格式写贺语或敬候佳音等。落款需要在自荐信右下角的位置写明自荐人和时间，署名处最好亲自手写签名来表示郑重，最后可注明个体的联系方式等基础信息。

虽然自荐信以手写为最佳，但受到手写书法水平和字迹情况的限制，多数应聘者会运用打印件，通常以一页纸的内容量为最佳。

2. 自荐信的内容及特征

自荐信的内容需要注意的关键点包括以下几项：篇幅要尽量简短，内容要重点突出，注意避免语言过分客套却无实际内容；文中的称呼（涉及名称）需完整正规，避免简称。内容需要突出个体的个性，尤其需要注意的是，面对不同的招聘单位和不同的职位，内容的侧重点要有所差别，需要有一定的针对性，避免千篇一律。例如，对技术要求较高的职业，自荐信要突出自身的技能和实践经历；对细节要求较高的职业，自荐信要突出自身的严谨；对管理要求较高的职业，自荐信要突出自身的大局观和应变能力；等等。自荐信的内容还需要遵循实事求是的原则，尤其是陈述自身情况时要避免语气过分谦虚或自大。适度谦虚能够令人产生好感，但过分谦虚则会给人以缺乏自信之感；而语气自大浮夸，则容易被识破且给人以无真才实学之感。所以内容一定要客观真实，且需要针对不同企业情况适度调整阐述模式。例如，向外资企业投递，自荐信的内容要充满自信，将能力等充分展示；而向国有企业投递，自荐信的内容要适当内敛。

通常自荐信需要打印出来，所以要做到文本工整美观，且排版和格式要清晰规整，语句要通俗易懂，避免堆砌辞藻，另外，打印之前需要仔细检查，避免内容有歧义、重点不突出、有错别字、表述疏漏不清等，务必做到语句流畅通顺。

需要注意的是，自荐信中应避免谈论薪酬待遇，因为通常投递推荐材料时，单位会有相关职业的待遇说明，或者会言明待遇面议，而自荐信是对个体自身的推荐，最好不涉及待遇问题。

（二）他人推荐信

他人推荐信通常会和自荐信一起放置于个人简历之前，自荐信是个体的自我推荐，他人推荐信则是其他人为了推荐个体到某职位或参与某工作而写的信件。

如今较常用的推荐信是高校为了推荐大学毕业生就业所统一印制的信件，即高校的就业推荐表。其内容包括个体的基本信息，如姓名、民族、性别、出生年月、政治面貌等，以及推荐方的基本信息和意见，如学校、专业、学历、在校表现、院系推荐意见、就业指导服务中心意见等。

在填写就业推荐表时需要注意以下几项内容。首先，需要避免涂改，通常就业推荐表具有代表高校的作用，推荐表上会加盖高校公章，因此填表时要认真确认信息，避免涂改，尤其是与校方意见和个人成绩单相关的内容，若有涂改痕迹会造成极大误解。其次，个体可以在推荐表的备注部分填上自身的突出优势、重要成就、重要作品、突出表现等，以提高个体的竞争力。最后，就业推荐表对个体而言具有唯一可信性，因此就业推荐表一定要妥善保管，因其原件不可仿制，所以个体可以在求职过程中使用推荐表的复印件，只有和用人单位签订合同时，才需要提交推荐表原件。若因某种原因与用人单位解除了合同，需要及时将就业推荐表原件索回，以便再次自我推荐、与其他单位签约时提交。

三、个人简历

个人简历是个体在就业过程中非常重要的一份自我推荐内容，通常需要个体对自身的学习经历、工作经历、知识能力、兴趣特长等进行简明扼要的介绍。可以说在所有推荐材料中，个人简历是最为重要的一项内容，类似于一个产品的广告和说明书，既需要将个体与他人区分开，又需要将自身的最大价值和最大优势展示出来，以供参与竞争并获取职业机会。

通常情况下，一份优秀的个人简历会成为就业求职路上非常有力的助推器，帮助个体获得面试机会和就业机会。

（一）个人简历的作用和类型

如今处于网络化时代，无论是个体投递推荐材料，还是用人单位寻找可用人才，通常都通过网络进行初步筛选。在这样的背景下，一份优秀的个人简历就成了个体获得更多面试机会的重要参考。

1. 个人简历的重要作用

通常情况下，招聘者会通过个人简历中以下内容进行初步筛选和考量，这也是个人简历最重要的作用。

（1）个人简历需要清晰明了地阐述个体能力，这也是招聘者初筛人才的基本参考。这里所说的个体能力，包括个体受教育的程度、相关工作经历、取得过何种成绩、获得过何种荣誉、拥有哪些资格或证书等，通常招聘者会依据个人简历中的这些相关内容，来判断求职者的基本素质和基本能力。所以说，求职者在个人简历中最好能够列举出与渴望的职业方向相关的具体经历和事实，令招聘者了解到求职者能够胜任哪些职业及岗位的工作。

（2）个人简历的内容要体现出求职者的职业诚信，包括求职者在岗位上的工作稳定性、工作内容和经历的真实性等，如果个人简历中出现频繁跳槽的经历却没有合理的理由，或者工作内容和经历等有明显的隐瞒和欺骗，就会令招聘者怀疑个体的职业诚信，从而影响其求职和就业。

（3）招聘者通常能够通过个人简历的表述和状态，对个体的逻辑性、层次性、表述准确性、写作能力等思维性特征有所了解和推论，因此求职者需要精心制作个人简历，将自身思维特性中的优势部分尽可能地展示出来，以提高自身的竞争力和吸引力。

2. 个人简历的主要类型

个人简历按照其格式可以分为多种，其中常见的就是文章式简历和表格式简历。

文章式简历就主要是以文字来描述个体的经历，包括个体的教育情况、家庭状况、基本信息等，以及做过哪些工作、取得过哪些成绩、获得过哪些奖励、拥有哪些荣誉和证书等。文章式简历属于传统的简历写法，不仅可以考量个体的文字表述能力，而且可以清晰地体现个体的逻辑思维，另外，个体的实践经历可以表现其在实践过程中遭遇的问题和解决问题采用的方法等，甚至能够推论出个体是否具备反思、分析、吸取经验的能力和勇于承担问题的责任心等。

表格式简历是一种以表格形式分层次、分栏目介绍个体具体情况的简历，因为表格本身就具备一定的层次性和栏目，所以显得更加简练且逻辑清晰。需要注意的是，表格式简历不宜选用过分花哨的模板，能够突出个体的信息特征和优势即可。对于一些拥有特定要求的职业方向，更需要花费精力和时间有针对性地制作简历，以便充分地将个体的特征展现出来，如设计类职业需要个体展现设计水平和审美能力等。

除这两种简历外，还有年代式简历、提要式简历、图册式简历、功能式简历、独创式简历等。年代式简历就是以个体经历的时间为主线来描述，突出的是时间节点；提要式简历则是运用经历提要来做引语，描述不同经历，通常有较多项目经历的个体可采用这种格式；图册式简历则是运用图表穿插等形式对个体经历进行描述，更显精美和设计感，通常有绘画类、设计类相关经历的个体，期望向相关设计职业投递简历时可采用此格式；功能式简历则是以个体的能力、特长为主要描述对象来制作的简历；独创式简历则要求拥有创造性和创新性，不拘一格，通常向创造性行业投递简历时采用此格式制作简历。

按照载体划分，个人简历可以分为纸质简历和电子简历两类。纸质简历就是通过打印等方式精心制作的纸版简历，电子简历则主要存在于互联网中，以方便调取查看和投递为特征。两种状态的简历可以有一定差别，但需要注意的是，通常电子简历最主要的功能是在网络投递，而进入面试阶段后，还需要求职者携带纸质简历前往面试场所。

（二）个人简历的制作

个人简历的制作，需要先确定简历的格式，在此格式的基础上填充内容，同时要注意遵循相应的原则。另外，现如今简历的投递多数采用了网络投递的形式，因此，除了制作纸质的个人简历外，还需要制作电子简历，在制作过程中也要注意一些具体的事项。

1. 个人简历的基本内容

制作个人简历时，格式可以根据个体期望投递的职业方向进行恰当的选择，不同的格式突出的内容也有所不同，但所有个人简历均需要包含以下基本内容。

（1）个体的基本信息，包括求职者的姓名、性别、籍贯、出生日期、通信地址、联系电话、电子邮箱、微信或 QQ 等基本情况。

（2）个体的教育背景，包括求职者的教育经历，就读学校名称，取得的学位、学历，相关院系和专业，在校期间的学习情况和培训情况，参与的社会教育和培训，专业获奖情况或专业活动荣誉等。通常个人简历不需要罗列中小学的教育情况。

（3）个体的求职意向，即表明个体期望应聘的职业、岗位，甚至可以根据相关企业发布的招聘岗位信息填写，可具体到详细岗位。

（4）个体的知识能力，通常需要阐明个体的通用知识和技能，包括计算机应用能力、外语能力、等级证书等；个体的专业知识和技能，包括专业课程和掌握情况、专业应用性操作能力等；个体的特长和爱好等情况，包括特长、技能和爱好，获取的荣誉和成绩，最好与期望应聘的职业和岗位需求相关。

（5）个体的工作经历，作为大学生，工作经历主要需要说明在学校和社会实践工作之中的经历及获奖情况。例如，在校期间担任过学生干部的情况和取得的成绩，参与过的高校学生活动及经历，社会工作实践中的经历和成绩，专业实习情况和获取的荣誉或成绩等。

（6）非必备的内容，如个体的自我评价，即用极为精练的语句来概括自身的习惯、性格、品行、优势等，需要客观且真实，以提供给招聘者更多的参考内容。

2. 制作个人简历的原则

个人简历是对个体提供给招聘单位的一份简要介绍，其内容需要遵循以下几条原则。

一是短小精悍原则，即简明扼要地介绍自身情况，通常控制在一页 A4 纸之内，若经历较多，尽量控制在两页以内；二是重点突出原则，即所有内容都需要紧紧围绕求职的意向进行组织和概括，尽量突出阐述能够胜任该职业岗位的能力；三是信息集中原则，即个体的经历、知识、技能、资质等信息要简洁清晰，多阐述与职位匹配的信息，避免信息驳杂而无主题；四是扬长避短原则，即内容要尽可能表达对自身有积极作用的信息，避免出现不利信息，展示自身最独特的个性；五是实事求是原则，即所有阐述的内容都应真实可靠，避免无中生有；六是适度包装原则，即将个人简历看作推销自身的广告介绍，各方面都可融入自身创意，但必须简明透彻，避免浮夸和过分华丽。

3. 电子简历的制作

电子简历是个人简历的电子版，既可以和纸质简历相似，也可以单独制作。若单独制作，其内容要包括个人资料、教育背景、工作经历和经验、其他方面介绍四个部分。

制作电子简历时需要做到以下几点：首先是内容直达主题，即将想传达的信息直截了当地表达出来，要避免语言过分婉转拖拉；其次是内容要突出重点，避免啰唆，自身专长、资历、成就、求职意向等简明扼要说明即可，切勿冗长，以避免遮盖重要信息；再次是内容要简单易懂且短促有力，不要运用模糊、笼统、过分专业的词汇及术语，语言宜用短句，直截了当且明晰；最后是包装适宜，电子简历能够充分发挥出电脑和软件的装饰功能，因此要注意进行适宜的包装，即以醒目、吸引力强、更具阅读性和通俗性为包装目标。

在通过电子邮件投递电子简历时，需要注意将简历直接拷贝到信息框，避免以附件的形式发送，减少招聘方的工作量，也令简历更加直白透明。

第二节　应用型高校大学生就业信息的收集、分析及择业技巧

大学生真正参与就业竞争的第一步，就是要对就业信息进行收集、分析和处理，并恰当地运用择业技巧来寻找和抓住就业信息中的关键信息并加以利用，以便完成求职意向和推荐材料的投递。

一、大学生就业信息的收集及分析

就业信息的收集主要有以下两个渠道：一个是常规的求职和就业信息收集渠道；另一个则是非常规的求职和就业信息收集渠道。

（一）常规的求职和就业信息收集渠道

一般情况下，可以通过招聘网站、广播电视、报纸杂志等常见的方式了解就业岗位和职业需求。不过在互联网时代，各种信息与就业信息混杂，大学生要通过正确正规的途径求职，比较常见的求职渠道包括以下几种。

1. 大众媒介

大众媒介主要包括正规就业网站、报纸杂志、广播电视、新媒体等。通常大众媒介上发布的就业信息较为全面，包括具体的招聘单位及信息、某职业方向的人才需求状况、某产业或行业的发展趋势等，也是现如今最方便的就业信息收集渠道和求职渠道。但对于大学生而言，大众媒介的信息较为庞杂且多样，因此需要耗费精力进行可靠性的考察和检验，以避免被虚假广告误导而上当受骗。

2. 政府部门及高校就业指导机构

通常情况下，各地方的人力资源和社会保障部门会在每年大学生毕业前发布相关的就业决定、决议、规定、意见等，大学生可以从中了解就业形势和就业制度等。这些通常多属于指导性信息，对大学生具有思想上和方向上的指引作用。

高校就业指导机构通常也会在大学生毕业前发布一些就业指导信息和招聘信息，其中以就业指导信息为主，招聘信息较少，大学生求职过程中

可以收集对应的信息，以了解最新就业形势。

3. 各类人才市场、招聘会的就业信息

大学生涉及的人才市场和招聘会主要有以下三大类，分别是校内人才市场和定向招聘会、校外人才市场和人才交流会、中介服务人才市场和介绍会。

校内人才市场和定向招聘会是集中在高校校园的一种大型招聘会，通常计划性强，且计划招聘新人的数量和专业都与进入校园的企业的整体人才规划及人才发展战略息息相关。正因为有计划和规划，所以进入校内招聘的企业多数是中大型企业，会在高校较为知名和热门的专业中挑选综合素质较高的大学生。虽然这种招聘会对大学生而言更加方便，但也暴露出了一定的问题，即招聘到的人才职业化水平并不成熟，所以流失率较高，同时，这些人才在进入企业之后还需要进行系统化培训，最终经过筛选才能成为所需的人才。

校外人才市场和人才交流会属于较为传统的招聘会，一般由当地政府及多个单位联合组织举办，最大的特点是覆盖范围较广、招聘单位较多、涉及职业和专业齐全。此类招聘会也被称为现场招聘会，大学生可以直接到招聘现场对企业实力、就业形势、职业方向等信息进行收集和了解，同时也能够和企业人力资源顾问面对面交流，一方面提高面试实践技巧和能力，另一方面也能够直观地了解企业的招聘风采。通常现场招聘会具有一定的时效性，因此效率较高，有助于求职者和招聘者的快速选择。

对于大学生而言，现场招聘会益处较多，即使无法找到相对满意的职业，也可以多多参与。求职者一方面能够了解社会就业形势、熟悉企业情况、了解招聘和应聘流程；另一方面能够锤炼自身的交流沟通技能和面试技巧。

中介服务人才市场和介绍会是指经过高校当地政府人事部门或有关部门批准后，以中介服务机构组织的形式进驻高校或在集中区域召开的职业介绍会，其最主要的业务是收集和整理人才供需信息，同时也会展开对应的职业介绍业务。

4. 社会关系推荐或介绍

大学生的社会关系主要包括亲戚、朋友、同学、老师、校友等人脉资源，虽然作为大学生，掌控的就业信息并不完善，但对通过人脉资源掌握的就业信息进行整合，同样能够获取准确的就业信息和就业渠道，而且有效性和信息获取效率都相对较高。

不过相对而言，虽然社会关系所提供的就业信息和渠道较为专门和独特，但是总体而言信息量较小，可挑选和筛选的余地也相对较小。

5. 社会实践活动获取

通常，大学生的见习和实习机会贯穿于学生生涯，大学生需要珍惜这些机会，通过参观考察、社会调查、实践分析等，积极收集各种就业信息。这些就业信息是由大学生自己通过积极探索和认真思考得来的，所以针对性较高且对自身的实用性大，就业的成功率也相对较高。

（二） 非常规的求职和就业信息收集渠道

上述求职和就业信息收集渠道，都是较为常见且参与机会较多的常规渠道。除此之外，大学生还可以通过非常规的求职和就业信息收集渠道来了解就业形势，主要有以下几种方式。

1. 大学生主动求职

大学生主动求职即对契合自身需求和职业发展方向的企业，在事先进行调查和了解之后，主动联系对方，这要求其拥有较强的沟通能力和心理素质，即需要经受得住被企业拒绝的打击。当然，采取这种主动求职的方式也需要先了解对方招聘主管是否欣赏主动精神。

2. 团队求职模式

团队求职模式即将拥有共同求职目标的同学组建为一个团队，大家共享求职信息，可以以团队形式去应聘目标单位。这种求职模式需要建立在彼此信息较为透明的基础上，适合于应聘人才需求量较大的企业。

3. 曲线求职模式

曲线求职模式即面对竞争激烈的就业环境和数量庞大的就业大军，个体在综合考量自身的综合素质和专业技能后，依旧感到存在较大差距，可以通过继续深造的方式提高自身竞争力，起点更高，竞争力也会更大。

4. 多元化求职模式

在互联网时代，各种信息收集渠道层出不穷，大学生可以广泛发挥这些渠道的碎片化信息特性，通过公众号、小程序等进行特定职业的信息收集，还可以将自身在网络中获取的成绩纳入个人简历之中，以此提高自身的竞争力。

（三） 就业信息的分析和处理

通常大学生通过上述的就业信息收集渠道获取的信息数量较大且较为

杂乱，有很大一部分信息对于个体而言是无用的，甚至会影响个体进行就业决策，因此在充分收集就业信息之后，还需要对这些信息进行整理、分析和处理。

1. 就业信息整理和分析原则

大学生对就业信息进行整理和分析需要遵循以下几个原则，以便节省时间和精力，快速筛选出对其有益的就业信息。

（1）需要划分重点，将所有的信息归纳整理，剔除和个体期望职业方向相悖、兴趣爱好完全相左的信息，初步筛选之后进行信息比对，按重要程度将信息分类留存，其他一般信息则仅作为参考和信息分析的基础。

（2）需要根据自身特点和需求，选择适合的相关信息，不同的个体筛选出的信息会有巨大差异，但只有适合自身的信息才能够作为后续信息分析的核心内容。

（3）掌控好就业信息的范围，避免所有信息局限于热门职业、热门企业及其相关信息，而应该广泛进行信息布局，通过多层面、广范围的信息筛选，对整个社会的就业形势和就业特征有所了解。

（4）需要注意信息的时效性，尤其是一些企业的招聘信息，在毕业季更新和变化得较为频繁，个体收集到就业信息之后需要及时加以整理、归纳并使用，以避免超过招聘时效，导致信息失效、过时。

2. 就业信息分析方法

就业信息的分析建立在科学整理和加工的基础上，综合而言需要结合个体的实际情况和特点，以法律法规为核心标准对所有信息进行筛选，去伪存真、留取精品，之后以自身需求和职业要求为出发点，有针对性地将信息进行排列，最终根据排序后的信息进行科学分析。具体就业信息分析方法可参照以下几个步骤。

（1）正确地筛选就业信息，需要以有效关键词为基础查阅大量信息，并用较短的时间对信息进行初筛，将与就业不相关、与大方向不匹配的信息剔除；然后判断和鉴别剩余的信息，要确保信息的准确性、有效性和可行性，如果整理过程中发现缺少关键信息，需要及时考察和补充信息，以确保就业信息完善。

（2）经过筛选和整理后的就业信息有很多并非很直观的内容，有些需要大学生深入思考和剖析，只有这样才能找到信息中潜藏的价值。例如，收集的用人单位招聘信息，通常极为简明扼要，有时不包含企业的规模、性质、发展方向、经营范围、工作环境、对人才的具体要求、福利待遇等信息，这就需要大学生通过调查和收集，完善此部分信息以供参考。

（3）将完善后的信息，按照个体的特性和标准，进行最适宜自身需求的排序，通常可以罗列出择业的提纲内容，包括职业目标、职业方向、择业基本标准（如工作地域、职业空间、企业人才培养模式、薪资待遇、相关福利、锻炼空间等），根据这些内容将符合的信息筛选出来并排序，契合条件越多的信息排位越靠前，符合条件但较为相似的信息则依靠对比标出主次。

（4）根据排序好的信息，及时向相关企业反馈，做好求职追踪工作。毕竟大部分企业的招聘信息具有强时效性，企业对应职业的录用指标毕竟有限，只有及时进行反馈追踪才能够避免错失机会。通常可以依照排序反馈信息，表明诚意和期望。

（5）对期望的招聘信息进行反馈（与对方联系），递交制作好的推荐材料，并保持通信畅通，以便有意向企业通知其面试。如果同时接到两个及以上企业的面试邀请，求职者需要合理安排时间，若不希望到企业工作，也要及时进行反馈，表达歉意，同时避免浪费对方的时间。

二、大学生的择业技巧

大学生在就业过程中进行就业信息的收集和分析整理，都是为了获取意向企业的面试邀请或进一步彼此了解的机会。这个过程也需要许多技巧，如果因为经验不足而缺乏必要的择业技巧，最终导致失去机会就有些得不偿失。因此，大学生需要学习和掌握一定的择业技巧，以便应对求职过程中的基本情况。

（一）择业过程中遵循的原则

在择业过程中，大学生不能以"广撒网"的方式投递求职意愿和推荐材料，即需要遵循一定原则才能够避免纷杂干扰信息，并有针对性地获取更多与职业意向相关的企业的反馈。

投递材料时可以依照以下五种方向：一是职业与个体性格匹配，即分析个体性格后，根据个体的性格特征和行为特征投递对应的职业岗位；二是职业与个体兴趣匹配，即选择和兴趣吻合的职业进行投递，可以确保工作过程更加富有动力，但是，此职业方向不能取代全部；三是职业与个体能力匹配，通过对其能力体系的分析，选择拥有类似能力要求的职业进行投递，能够更好地发挥自身的能力，也可以提高反馈率；四是职业与个体气质匹配，虽然个体的气质不会对职业活动产生决定性作用，但通常会影响职业活动的工作效率，因此个体可以通过分析自身气质，选择较为匹配的职业进行投递，为未来职业生涯的发展奠定基础；五是职业与个体价值观匹配，在不同的价值观影响下，对同一职业的特性会有不同的评价和认识，因此在择业过程中，投递简历的方向应与价值观相契合。

以上原则均可以作为分析就业信息的标准，当发现与标准重合度极高的职业时，需要及时抓取机会，并主动深入了解对应企业的情况，以确保其与个体的职业发展方向契合。进行就业信息排序时，也可以将上述标准作为依据，以便个体能够得到更契合自身未来发展的职业。

（二）相关的择业技巧

大学生就业过程中相关的择业技巧贯穿各个环节，从准备推荐材料到求职意愿和简历投递，再到获取反馈信息的沟通，都有不同的技巧。

1. 推荐材料的准备技巧

大学生准备推荐材料时，需要有一定的针对性，即针对不同用人单位的不同要求和不同职业，准备侧重点不同的推荐材料，通常需要强调自身与对应岗位匹配的知识、能力、经验、特长等。在此过程中，应聘者要通过适度的包装来提升自身形象，但不是耍小聪明，而是需要从细节入手。

另外，大学生准备的推荐材料的内容要以诚信为本，在展现自身的优势和强项的同时，也可以列出自身的缺点和不足，只要能够正视这些问题，并有意去弥补和改正，通常用人单位不会太在意这些对工作影响不大的问题，多数用人单位更关注的是求职者的潜力和态度。

2. 表达求职意愿的技巧

通常情况下，就业信息的时效性很强，通俗来说就是求职机会其实是极易流失的，想要抓住求职的机会，最佳的方法就是对就业信息进行充分论证和分析之后主动出击，即做好各方面准备后主动联系对方，联系的出发点就是确认对方是否有某类职业岗位需求，并进行极为精简的介绍，得到沟通机会后，再使用技巧抓住机会。

一般情况下，应聘者主动出击需要做到以下几点：不等对方提问，主动介绍自己，但要简明扼要；若察觉到对方有相关职业的招聘需求，可以主动提出呈交推荐材料，询问对方收取材料的邮箱或其他联系方式；最后是不要消极等待回音，在对方承诺或给予回音时限到达后主动询问，若无法得到机会，最好能够通过沟通交流了解自身存在的问题，以便有针对性地进行调整，积累经验教训。

在主动介绍自己的过程中，应聘者可以重点突出自己的特点，如与众不同之处、特长、知识能力等，可简单列举案例，简明扼要地进行说明。

3. 电话求职的技巧

随着互联网和移动通信的发展，电话求职已经成为现今非常重要的一种职业需求沟通交流方式，其不仅可以节省时间，而且能够避免盲目求职，可获得更多的面试机会，有效提高求职成功率。采用电话求职同样需要运用一定的技巧，包括通话方式、控制时间等，具体需要注意以下几个方面。

（1）一定要在通话之前做好准备，包括求职的理由、自我推销的内容等，虽然多数通话会在对方需要求职者投递简历中结束，但有些也会直接在电话中进行初步测试和筛选，以便决定是否邀请求职者面谈。所以求职者一定要在通话前做足准备，一旦对方提出问题，能够有条不紊地回答。

（2）通话之前需要注意选择信号通畅、没有干扰、安静的场所。如果必须要在室外联络，也应该选择相对安静的环境，毕竟电话求职是比较正式的交流方式，若外界环境的嘈杂导致无法听清交流的内容，会影响双方的沟通。

（3）通话时需要选择好通话的时机。例如，不要在对方可能忙碌时通话，包括午餐时间、下班前的时间等，尤其是在休息时间通话不仅会打扰对方，也会给人不礼貌的印象。可以选择上班后半个小时左右进行通话，这样不仅效果好，而且给对方带来的印象也会更加深刻。另外，要控制好通话的时长，通常初次沟通的通话时长要控制在 10 分钟以内，若需要长时间沟通，最好事先预约，并准时拨打电话进行沟通。

（4）要准备好必要的通话内容和正确的沟通方式。电话求职的根本目的是进行初步沟通并争取面试机会，因为对方通常没有相应的准备，所以应避免通话内容涉及的方面过多，正常情况下所谈及的中心内容为 1~2 个，并根据中心内容准备好拥有足够吸引力的信息。在准备通话内容时，最好进行一定的模拟和预期，预想可能遇到的困难、阻力、解决办法等，并做好意外事件的预案。

通话内容通常以自我介绍开篇，直接询问对方是否在招聘、具体招聘的职业具体要求，或者直接询问在招聘信息中未了解到的事宜，用最短的时间进行有效沟通。在打电话之前可以先罗列沟通提纲，并准备好笔以记录对方阐述的重要内容。

在通话开始后，一定要注意自身的沟通方式，简单的问候是必不可少的，可以礼貌地确认对方的招聘信息，说话的语气和语言要热情坚定，音量不宜过大，也不宜过小，且不需要过分客套和含糊，应该在精准表达的基础上不失礼貌。沟通过程中需要注意减少不必要的习惯语和口头语，语速要控制得当，声音平稳且吐字清晰，尤其当对方语气并不热情时，更应该控制好情绪、语气、声调，以展现自身最佳形象。

第三节　应用型高校大学生就业求职过程中的礼仪知识

在就业求职过程中，大学生留给招聘者的第一印象极为重要，而第一印象的展现，核心内容就是对应的礼仪知识。对于刚刚毕业的大学生而言，就业求职过程中的礼仪可以分为两个部分：一部分是面试之前的礼仪知识；另一部分是面试时的礼仪知识。

一、面试之前的礼仪知识

面试时，除了和招聘者交流时涉及的沟通礼仪之外，面试还涉及外表类礼仪。面试属于较为正式的人际交往过程，因此，端庄的仪态、整洁的衣冠、洁净的外貌等，不仅体现了个体的精神状态和外貌状态，同时也潜在体现了个体的文化程度和文明素养，以及对社会、企业、他人的尊重。这是面试过程中衡量人才的标准之一。

（一）容貌礼仪

容貌礼仪主要涉及发型、手与指甲、妆容等。

就发型而言，面试是非常正规的面对面沟通场合，因此面试时发型设计需要以大方自然为原则，保持头发整齐干净且自然，能够显露出完整的面容即可。

当然，性别不同，发型要求也会有所不同。男性应保持头发整洁干净、精心梳理，发型应简单朴素，最好不要中分，应该将胡须处理干净，若留胡须，也要进行修整，给人以干练、整齐之感。

女性通常头发较长，因此搭配时最好能够使发型和脸型匹配，以体现精致自然之感。例如，高颧骨脸型的女性可以留长鬓发，最好超过耳线，适当遮盖高耸的颧骨，刘海可以稍长，但不要中分；而低颧骨脸型则可以将两鬓向后梳，不遮耳线，以显露整个脸型为佳。又如，发际线较高的脸型，发梢应该向下梳，用刘海遮住部分前额，若是发际线较低的脸型，则可以不留刘海，若偏爱刘海则需要尽量短。

就手而言，人与人进行沟通时，手通常会置于身体前方，同时也会匹配一定的手部肢体动作，因此手部细节很容易受到他人的关注。男性的手和指甲要保证洁净，不要留长指甲，给人以干净利索之感；女性的手和指甲同样需要保证干净，尽量不要留长指甲，若偏爱长指甲也不要过长，否则会给人以无法很好地进行工作之感，另外就是不要涂抹过分艳丽的指甲油。

妆容主要是与女性求职者有关，通常要以素妆和淡妆为主，切记不能浓妆艳抹。口红、眼线等均不能过深，体现出自然风采即可。使用香水则同样以清淡型为主，女性最好能够寻找符合自身气质的香水，可以在面试前一段时间使用香水，最好不要进入面试房间之前补用香水。

(二) 着装礼仪

着装礼仪包括个体的衣着、领带、鞋袜、饰物等各个方面。

其中衣着最为主要，求职者大方优雅的外表除了体现在容貌方面，还体现在衣着方面。面试属于较为正式的场合，因此穿着也要偏正式，虽然不同用人单位的面试官审美并不相同，但以职场规律来看，绝大多数面试官社会阅历都较为丰富，因此对传统观念更为认可，大学生最好能够穿着较为正式且符合大众潮流和审美的服装，避免奇装异服，以及图案夸张怪异、色彩过分艳丽等。

通常男性可以穿西装，给人以正规重视之感，无论穿着哪种颜色的西装，都需要考虑好衬衣、鞋袜和西装的搭配，切忌西装裤子较短、衬衫置于裤外、衣兜鼓胀等。穿着西装最好搭配皮鞋，切记不可配运动鞋。为了显得正式可以打领带，需确保领带端正、干净、平整、坚实，避免松松散散，颜色需要和着装搭配。

当然也可以穿着其他服装，前提是干净整洁、搭配合理，避免给人以拖拉、懒惰、邋遢之感。鞋袜干净整洁，鞋无污痕且系牢鞋带，袜子颜色和鞋子、裤子相搭。

男性面试者常见的饰物是手表、皮夹及公文包。手表应该选择较为商务的样式，若衣着偏运动风格则可以选择运动手表，但不可佩戴卡通型手表，避免给人以幼稚感；皮夹并非必要品，但若携带皮夹最好能够精简，避免其过分鼓起；携带公文包时可选择细长类型，也可以不携带公文包，只持整洁文件夹携带推荐资料即可。

女性面试时的着装选择很多，需要注意避免穿太透、太露、太紧的衣服，整体颜色协调一致，给人以庄重雅致之感，颜色也有多种选择，但应避免过分妖艳的颜色，如粉红色，易给人以虚荣、圆滑的印象。

女性的鞋袜总体搭配原则是和整体服装协调，包括颜色和款式需要和服装匹配，最佳的选择是中跟鞋或设计新颖却不突兀的靴子，尽量避免长细跟鞋；女性若穿着丝袜一定要注意避免脱丝，可携带一双备用，若出现丝袜脱丝可及时更换。

女性的包既可以选公文包，也可以选手提包，但要避免两个一起携带，包内尽量少装物品，包的大小样式需要和自身情况相匹配，如身材娇小的女性就不要携带过大的包，穿着淡雅的服装就不要携带颜色艳丽的包。

女性的饰物也有多种，包括帽子、围巾、首饰等，若佩戴帽子，要保证形状、颜色与服装搭配，围巾可视天气情况进行佩戴，首饰应该尽量少戴，耳环需小巧且舒适，项链也应以精巧为主，手镯等其他饰物需要避免过分古怪。整体而言，女性首饰以少为美。

二、面试时的礼仪知识

面试之前的容貌礼仪和着装礼仪，均属于外在形象方面的礼仪，给予人的是第一印象，而真正影响他人对个体印象的，主要是在面试过程中个体的行为礼仪。

（一）行为举止礼仪

在任何人际交往中，行为举止都是非常重要的一项交流沟通工具，甚至彼此交流过程中会有大量信息通过行为举止传递给他人。进入面试环节后，行为举止一定要礼貌、自然、得体，同时需要针对场合和身份进行适当调整。例如，走路时姿势要端庄文雅，抬头挺胸目视前方；站立时要身体挺直并充满自信；坐下时要端正且精神。

整体而言，面试过程中的行为举止和普通的人际交往过程类似，但需要注意以下两个问题。

（1）最好不要和他人结伴同行，尤其是刚刚步入社会的大学生在面试时习惯和同学或朋友一同前往，这一方面减少紧张感，另一方面也方便其为自己出谋划策。虽然这样做无可厚非，但一定注意避免同行者陪同进入面试场所，这样不仅给人以极不自信的感觉，而且也容易造成尴尬（如面试官不知道是谁来面试）。最好的做法是避免他人陪同，若有人陪同，也应该让对方在面试场所外面等候。

（2）需要及时做出决策，避免犹豫不决，在面试官眼中，个体的犹豫不决就是不够自信和不够独立的表现。这种情况通常会出现在做决策时，以及对方对个体有一定考察要求时。求职者遇到需要尽快决策的事件和问题时，应该快速思考，并在较短的时间内给予一个答复。如果无法快速给出确定答案，也需要告知对方自己需要深入考虑后再做答复，并承诺对方何时可以给出最终答案，这样既能体现出诚意，也能够表现出谨慎。

（二）见面时的礼仪

接到面试邀请之后，通常招聘方会和求职者确定面试时间，如果双方对时间没有异议，求职者一定要遵时守约，迟到或无故违约都是不尊重对方的表现。

求职者如果因为客观原因改变面试时间，需要提前通知对方并另约面试时间；如果迟到最好主动陈述原因，避免对方产生误解。通常情况下，求职者需要提前15分钟左右到达面试地点。这一方面表示诚意，另一方面也留出了一定的准备时间和调整时间。

另外，求职者在和招聘方见面时一定要注重细节，以礼相待，包括进入企业面试场所遇到的任何企业内部人员时，都应该符合礼仪规范。例如，可以微笑或轻微点头以示尊重和礼貌；在进入面试场所时需要先敲门，获得答复后再进入；无论面对的面试官和面试环境如何，都应该略带微笑点头示意，接到对方的入座邀请后再坐下，以示尊重；若面试官伸手示意握手，应该不卑不亢地答礼。

（三）应答时的礼仪

求职者面试过程中最核心的内容就是沟通应答，这是面试的基本环节，也是对方了解求职者最直观的方式，因此，求职者对自身的谈吐需要认真把握，注意应答时的对应原则和礼仪规范，表现出自身谈吐的文明和礼貌。

在首次应答时最好以礼貌语开篇，言辞要标准且连贯，内容要简洁通俗。应答过程中需要特别注意以下几个问题。

（1）面试官若要求求职者自我介绍，求职者介绍时则需把握分寸，应简明扼要地介绍，避免拖沓。通常自我介绍应该控制在2分钟左右，在简单言明姓名、年龄、毕业院校、专业、毕业时间后，可以根据应聘的职业、岗位特点，重点介绍与之相关的经历、学业情况、技能和个性特征等，在尽可能短的时间内令面试官了解自己的能力和特长，即能够做什么。

（2）面试过程中的沟通交流，对求职者而言是一种带有考核性和测试性的被动交谈，虽然求职者事前会做充足准备，但面试官还是有可能提出各种各样考验求职者应变能力的问题，包括看似难以回答或较为刁钻的问题等，如果遇到这样的情况，求职者需要冷静分析后回答，这通常会体现出求职者的品德修养、思维水平、应变能力等。当然，对于这种应变能力，求职者通常需要经过历练才能做到游刃有余，若遇到应变不及的情况，也不要过分紧张，可以快速调整心态冷静下来，以坦诚的回答来应对问题。

（3）在面试过程中真实地表达想法，是极为重要的一项沟通技巧，在遇到无法回答或并未了解通透的问题时，应该坦率地回答或询问，以表现出自身的诚实，同时也可以快速积累对应的面试经验。

（4）薪资问题是面试过程中较为敏感的问题，但同样也是求职者较为关切的实际问题，面试中必然需要将其提出并解决，但如何把控节奏需要一定的技巧。通常求职者在面试之前，应该先对该行业中该职业平均薪资待遇进行了解，以便心中有数；另外，不要在初次见面时就谈及薪资待遇问题，而应该在"火候成熟"时，如招聘方表现出合作意向或主动询问时再谈及；如果是招聘方主动提及薪资问题，通常会直接向求职者提问期望的薪资，此时可以根据自身了解的待遇情况，说出能够接受的待遇，但应留下彼此回旋的余地。

（四）离开时的礼仪

通常面试过程中，招聘方不会非常直白地表示面试结束，而是会以暗示的方式来表达想结束面谈，因此，作为求职者应该注意对方的暗示并适时礼貌地提出告辞，即使面试失败，也应该面带微笑向面试官致谢后离开。需要注意的是，离开前应对所有面试场中的面试官致谢，离开时携带自身的物品并关好房门；若面试时挪动了椅子，也应该在离开前将其归位，以体现礼貌。

如果在面试过程中并未得到具体的结果，比如面试官告知可先回去等待通知，但之后未收到通知，可在2~3天后打电话询问，通话时应先表示感谢再简要说明曾在何时参加面试，礼貌地询问面试情况和结果。

需要注意的是，在招聘方未正式向个体下发聘书之前，包括正式入职邮件或电话告知，求职者切忌守株待兔，应该积极主动地向其他企业投递简历，寻求更多的机会。

如果面试失败，求职者不要陷入失望的情绪中无法自拔，而是应该反思总结，寻找失败的原因，并有针对性地改进和提高，以便在其他机会来临时能够及时抓住机会。

第四节　应用型高校大学生求职时的面试与笔试

通常招聘方筛选所需人才会选择面试和笔试的方式，有些企业也许仅有面试，也有些企业会在面试时掺杂笔试，大学生需要对企业的面试和笔试进行综合了解。

一、大学生求职时的面试

面试的基本程序主要由招聘方完成，一般会通过面试申请材料和推荐材料，初步筛选出可能符合企业需求的人才，从而确定面试名单；企业会通过各种方式联系求职者参加面试，最常用的就是电话通知，在电话沟通过程中，会详细通知企业名称、招聘岗位、面试时间、面试地点、求职者需准备的材料等，同时，招聘方通过通知的反馈结果来确定有意向面试的人才数量和竞争情况，以便做出相应的准备。

（一）大学生面试准备

大学生在接到招聘方的面试通知后，首先需要筛选面试邀请，即寻找较为契合自身需求和期望的企业及职业，最好做好记录，并在接到其他面试邀请时，合理安排面试时间，以避免因为时间重叠而放弃机会。之后，大学生需要进行以下两项准备。

1. 了解企业情况

企业通知求职者面试后，求职者就已经开始进入就业竞争的阶段了，通常企业不会愿意录用对企业一无所知的面试者，因此，求职者可以在面试之前，对即将面试的企业进行简单的了解，包括企业的规模、发展情况、产业模式、招聘者特征、企业的性质和业务、市场竞争情况和人才结构等。求职者应该尽可能了解相关基本情况，通常可以通过企业官方网站，以及各种企业相关新闻和活动对其进行了解。

另外，在条件允许的情况下，求职者还可以对企业负责招聘或面试的人员情况进行简单的了解。例如，调查清楚招聘者的性格和特点，包括作风、性格、爱好、习惯、专业等。了解得越详细越有利于有针对性地做准备，以便提高面试的成功率。

在了解这些后，需要根据面试通知做好相关材料的准备工作，包括推荐材料的复印和整理，盛装这些材料的文件袋或包。材料可以按大小依次排列，以供面试时寻找方便。

2. 了解面试方式

在参与面试之前，大学生最好能够了解就业市场常见的面试方式，以便找到具有针对性的应对方式。面试也被称为口试或面谈，是招聘者对求职者进行面对面考核的主要方式，通常会在招聘方指定的时间和空间中完成考核任务。主要考察的是求职者的沟通能力、应变能力、自控能力、逻辑思维能力等。这是非常有效的筛选人才的方式。主要的面试方式有以下几种。

（1）初试性面试。应聘人数较多时，为了能够筛选出符合条件的应聘者，招聘方会通过初试性面试一对一筛选人才，通常仅考察求职者的谈吐风度和语言表达能力，主要需要求职者介绍个人情况，招聘方提出的问题也较为简单，面试速度也会较快。完成此面试后，通过者通常还需要进行复试。

（2）标准面试，既可能是一对一的面试模式，也可能是多对一的面试模式，此类面试会有较为标准的程序和流程。例如，面试官询问对应的面试题目后根据标准进行评分，通常还会有具体的时间控制。这种面试也被称为结构化面试，因问题会较为统一，减少了面试官的主观臆断，所以更加公正公平。

（3）综合式面试，通常是由面试官以多种方式来综合考察求职者。例如，运用外语和应聘者进行对话以考察外语水平，运用文章和故事来考察求职者的演讲能力，运用突发意外事件来考察求职者的应变能力等。

（4）压力式面试，即面试官会通过一系列针对性的问题有意识地对求职者施加压力，甚至寻根问底，直到求职者无法回答，意在刺激求职者，考验其反应能力和应变能力。

（5）技能测验式面试，通常会模拟实践情况，要求求职者扮演某角色进行处理，考验的是求职者的逻辑性、解决问题的能力、耐心及面对挫折的坚韧性等，也有些是单纯考验应聘者的专业技能和专业水平。

（6）讨论式面试，即面试官提出问题，由求职者组成小组进行自由发言和讨论，面试官不会对发言和讨论进行控制，而是会根据求职者的发言次数、意见质量、创新性、合作性、概括性、表达能力、领导能力等表现进行评分。

（7）演讲式面试和答辩式面试，通常由面试官提出问题或话题，由求职者自由发挥，考验的是求职者的口头表达能力和逻辑思维能力，以及对问题和话题的敏感性、思维灵活性和应变能力。也可能会将求职者分为正反两方，针对话题或问题进行辩论。

通常招聘方在实际面试过程中，仅采用一种主要面试方式对求职者进行考察，但有时也会将多种面试方式结合，综合考察应聘者，作为大学生需要对各种面试方式做好充分的准备。

（二）大学生面试时应注意的问题

要确保面试过程中拥有良好的发挥和表现，需要注意以下几个方面。

（1）在面试之前形成自信和愉悦的精神状态并一直保持到面试时，充分的自信能够推动求职者在面试时保持高度的注意力和充沛的精力，同时也会表现出敏锐的判断力和缜密的思维力，从而更容易在面试中脱颖而出；而愉悦的精神状态则会令身心更加放松，不会过分紧张，从而表现也会更加自然，给人年轻活力的感觉。

（2）在整个面试过程中一定要淡化成败意识，即只要能够将自身最精彩的一面展示出来即可，不要忧心到底能否面试成功，从整个求职过程来看，求职者应该始终保持泰然处之的状态，只要坚信拥有的才能可以与职业相匹配，就一定能够找到与自身契合的工作。

（3）在面试过程中，需要注意树立对方意识，即做到尊重面试官，即使遭遇追问或类似刁难的问题，也要站在对方的角度思考，这是对求职者的考验和职业需求，所以不要针对面试官发泄情绪，而要表现出对面试官人格上的尊重。另外，在自我介绍或表达时，要减少运用"我"字，最好以客观的态度去阐述内容，兼顾招聘方和自身，以拉近彼此的距离。

（4）在面试过程中要注意一些禁忌。例如，避免不当的提问和不良用语，包括答非所问、不合逻辑的回答、本末倒置的追问等，以摆正自身的态度和位置；还需要注意控制自身的不良习惯，包括眼神飘忽和游移不定、手脚晃动和摆动、小动作不断，面无表情且毫无生气，举止不稳重等，这些问题需要及时发现并改正，始终保持大方得体的平等对话，才能够为面试加分。

二、大学生求职时的笔试

大学生在求职过程中，也可能会遇到需要进行笔试的考察模式，相对于面试而言，笔试主要考验的是求职者的学识水平，可有效考核求职者的基本知识、专业知识、管理知识、综合分析能力、文字表达能力等素质，通常会在面试前进行，并最终和面试评分共同成为招聘方评选的标准。

（一）较常见的笔试种类

求职过程中常遇到的笔试种类主要有 4 种，分别是专业能力测试、心理能力测试、综合能力测试和其他测试。

专业能力测试通常是因为职业岗位具有特定的专业要求，且通过笔试能够更好地体现专业能力，所以会采用笔试来进行评测。例如，求职产品质检员时，最易遇到的笔试问题就是给予求职者一件产品，让求职者写一份评价报告；应聘计算机软件编程人员，招聘方可能会给予求职者一定的条件和要求，让其编写一段程序等。不同的职业要求会有不同的笔试方向，求职者需要有针对性地梳理和完善知识体系。

心理能力测试多数被一些跨国公司采用，这些企业虽然对大学毕业生没有具体的特殊要求，却对大学生的基本素质要求较高，尤其是智商水平、心理水平、行为态度等。通常会运用心理能力测试方法，检测求职者的行为动机、兴趣爱好、行为模式、情绪控制、个性等方面的素质。

综合能力测试则是结合前两项测试的一种综合测评方式，不仅会通过测试来分析求职者的心理能力和智商水平，还会对其他能力进行测评，如分析能力、洞察能力、理解能力、解决问题的能力等。

其他测试则是招聘方根据企业自身的特性和对人才的特定需求，进行的并不普遍的笔试测评。例如，国家机关录用公务员实行的就是考试录用，其中笔试比分的占比较高；需要外语翻译人才的企业也会通过翻译笔试来考察求职者的专业能力。

（二）求职时笔试的相关技巧

笔试的最终评分，一方面与求职者平时的知识积累、知识掌控能力、知识复习程度有关；另一方面还和答题技巧有关。

（1）需要求职者调整好笔试的心理状态，并对笔试特性有所了解，最好先分析笔试测评方向，有针对性地发挥自身的知识掌控能力，从而展现出最真实的水平。

（2）拿到笔试试题之后可以根据其题量和题目方向选择合适的答题方法，可以根据题目的难易程度和分量轻重，有针对性地制定答题步骤，在有限的时间内回答得更为精准和正确。

（3）有些笔试题目会将实践与理论相结合，遇到这类试题要发挥自身的思考能力和现实结合能力，通过学过的知识发挥联想，对实际情况进行合理且科学的分析，给出最契合实际的答案。

（4）要了解笔试的题型特点，做出有针对性的精细化回答，通常在笔试答题时要突出重点并简明扼要，力求用最简单通俗的答案解决问题。在回答完所有笔试试题之后，需要对存疑的题目进行检查和反思，力求做出最合理的回答。

第五章

应用型高校大学生就业心理调适及权益保障

第一节　应用型高校大学生就业心理准备和培养

就业心理就是大学生在择业过程中所表现出来的心理倾向和特征等。社会经济形势的变化和发展，为大学生提供了更加广阔的就业空间和更自由的就业选择，同时也为其带来更大的压力和挑战。这就需要大学生具有更成熟和完善的就业心理，以此来帮助个体的择业和职业定位。

一、大学生就业心理障碍及调适方式

社会严峻激烈的就业竞争模式，使大学生在就业过程中很容易产生一些不良心理，只有明确这些不良心理的特征，并运用恰当的调适方式来克服不良心理，形成良好的心理状态，在就业时才会拥有更好的心理承受能力和更快的调整速度，从而以健康的心理状态面对就业。

（一）正确应对挫折心理

挫折心理是指个体在从事某些活动过程中遇到干扰或障碍后表现出的情绪和心理状态，通常产生挫折心理后很容易陷入失望、苦闷等消极情绪中，从而影响个体对现状的判断和行动等。

大学生在就业过程中，最容易遇到的挫折就是个体职业理想和现实的巨大差距，以及个体抱负无法被他人理解和接受的情况，在这种挫折影响下，大学生很容易出现怀才不遇的挫折心理，从而陷入悔恨、苦闷、愤怒、失望、焦虑等情绪中无法自拔。

这种挫折心理往往是由大学生的自我评价过高、现实情况和期望差距过大造成的，通常评价越高、期望越大，现实中遭受的挫折感越强，如果无法在遭遇挫折之后及时调整心态，就容易陷入一意孤行、盲目奋进的状

态，从而引发内心世界扭曲，乃至影响到健康人格的塑造。

大学生想正确面对挫折心理，首先需要正确进行自我分析，认识到自身的需要、动机、目的和情绪等，对自我的评价要结合实际情况，避免过高定位；其次需要对消极情绪进行理性驾驭，最佳的方式是自我冷静，即对情感实行冷处理来促使自身冷静；最后通过各种方法来战胜挫折心理，可以采用转移目标、自我宣泄或自我暗示等方法。

（二）正确应对从众心理

从众心理是个体在群体或社会压力下最终放弃自身意见，采取顺从群体或社会的心理倾向。通常情况下，个体认为群体或社会的规范或行为正确时，其自愿从众表现虽然也属于从众心理，但却属于遵从自身心理状态的范畴；而当群体或社会的规范或行为并不适宜于个体时，个体没有勇气加以对抗，最终不再遵从自身心理状态，而是遵从群体或社会的从众表现，则属于需要克服的从众心理。

从众心理严重的个体很容易受到外界环境的影响，包括他人、群体、社会的影响，从而表现出无主见、过度依赖他人、无法独立思考、行为违背自身意愿等。

大学生就业过程中的从众心理主要表现为向热门职业、大城市、热门行业等聚拢的行为，其实这种聚拢行为对于个体而言不一定是最佳的职业选择和就业选择。大学生应该在对自我认知和环境认知的基础上独立思考，分析职业发展方向和职业目标，摆脱从众心理的束缚，真正从自身去分析适宜的职业发展模式，从而做出最适宜自身的选择。这种克服从众心理的能力同样会对个体未来的发展产生积极影响，令个体更加独立自主。

（三）正确应对嫉妒、攀比、虚荣心理

大学生在就业过程中，嫉妒、攀比、虚荣心理对大学生的求职择业影响极大。

嫉妒心理通常表现为对他人突出的优势、才能、成就、品质等产生贬低，甚至迫害的心理倾向，尤其是自我和他人进行对比出现巨大差距后更容易表现出来。嫉妒心理有以下两个明显特征：一个是具有很强的指向性，即所有心理表现都指向那些比个体表现更好的他人，如看到有同学找到了比自身职业更具优势的岗位，但在个体眼中此人平时明显不如自己，就容易对该个体产生嫉妒心理；另一个是具有发泄性，即对嫉妒的对

象表现出讥讽、诽谤等行为，严重的甚至会对他人进行陷害，只有执行了这些发泄行为才会令个体心理找到平衡。

摆脱嫉妒心理的前提是开阔自身心胸，通过更丰富的知识和见识来开阔视野，并洞悉在竞争中他人获得领先是其努力并奋进的结果，学会公平公正地竞争，积极认识彼此的差距并努力发挥自身优势。

攀比心理是一种事事都和他人进行对比的心理倾向，虽然通过和他人进行对比来激励自身不断进步无可厚非，但若在求职过程中处处和他人对比就明显属于不正常的攀比心理。

大学生在就业过程中的攀比心理主要表现在将注意力过多集中到他人就业取向方面，通过和他人各方面的对比来避免受到他人"嘲笑"，并想找一份远超他人的职业来吹嘘和炫耀。

事事攀比的大学生在求职过程中很容易出现自信不足、受人干扰、缺乏主见等情况，有时还会伴随嫉妒和自卑。大学生不仅在求职就业时受攀比心理影响，在进入职业及岗位后也会受其影响，从而造成工作情绪不稳、易患得患失等。大学生应该将视野放宽，将目标投向未来，按照最契合自身的职业生涯规划不断努力，最终实现自己的职业理想，而不是仅关注刚刚走上职场的时刻，毕竟职业生涯是贯穿人生的过程，就业仅仅是职业生涯的起点。

虚荣心理则是将注意力集中在名气高、收入高、社会影响大的就业岗位，却不考虑自身的优势和职业发展，只是从令他人羡慕、令他人追捧、做给他人看的心理出发去选择职业，这是一种畸形的就业心理，会对自身的未来职业发展产生巨大影响。

作为新时代的大学生，应该清晰地认识到毕业求职完全是为了自身的未来发展，盲目地选择令他人羡慕或关注的职业，是在拿自身的未来换取闪现的光芒，根本无法长久。只有冷静思考自身情况和就业环境，选择真正适合自己的职业和对自身未来有益处的职业，才能够在职业生涯发展道路上越走越远。

（四）正确应对自卑和羞怯心理

自卑心理是大学生求职过程中出现较普遍的一种心理，即突然对自己的价值和能力产生怀疑，感觉自身缺点极多，甚至一无是处，自己不如他人，或者因为曾经犯过错误而抬不起头，甚至会感觉自己的学校或专业不好，信心严重不足等。

克服自卑心理需要大学生正确认识自己，洞悉任何人都会有优势和不足的特性，在求职过程中不要因一次应聘失败就自我哀怨，通过正视自身的优劣势，充分认识到自己拥有的优势，并正确认识自身不足且弥补不足。正确认识自己，才能看到现实中光明的一面，这种阳光心理对求职和未来的职业发展都具有积极作用。

另外，因为多数大学生在高校期间正面接触社会的机会较少，所以容易因为对自身认识不足而在求职时产生羞怯心理，其中有很大一部分属于自卑性羞怯，即因为自卑而感到自身差距巨大，羞于争取和竞争。另一部分则是因为挫折产生的羞怯心理，只能看到自身的劣势和不足，无法正视优势和特长，最终无法抓住机会。

抑制羞怯心理需要增强自信心，不要被劣势和不足禁锢，应该充分发挥优势，不计较他人不切实际的评论，毕竟只有自己才最了解自己。另外就是要多多锻炼自己，在学校期间就应该抓机会展示自身，允许自己犯错，减少紧张，加强对情绪的控制。

（五）消除自负与焦虑心理

自负心理是因为无法正确认识自身，夸大自身能力，从而产生自傲态度和情绪，虽然这种心理看似过度自尊，但其实质是严重缺乏自尊的表现。

一些大学生会对自身在高校学习产生错觉，即拥有了大学学历就应该"身价高"，找工作时会无形中提高对职业的要求，导致其无法找到最适宜的工作且白白浪费很多机会。消除自负心理需要大学生对自身拥有清晰认知，要清楚在求职过程中的要求都需要和职业能力等相匹配。

焦虑心理是一种个体对生命安全、前途命运等过度担心产生的复杂情绪反应，表现为不安、忧虑或恐惧等。大学生在就业过程中表现最多的就是焦虑心理，如紧张烦躁、萎靡不振、辗转反侧等，通常由以下几个方面因素引发：一是社会适应性焦虑，即对即将面对的生活不适应、感到迷茫、不知如何处理各种事件等，通常是由个体独立性不强或专业性能力不佳引起；二是选择类焦虑，即表现在面对多种机会无法做出选择，患得患失并陷入焦虑，通常是由个体职业目标或职业发展方向不明确造成；三是职业发展态势或企业情况不明确引起的焦虑，包括等待性焦虑、长久找不到工作的焦虑等，通常是由个体对社会环境和行业环境了解不足引发。

消除焦虑心理需要先确定是由哪种情况造成，之后有针对性地解决和舒缓心理。例如，社会适应性焦虑，需要个体客观评价自身，逐步提高自信心，并挖掘自身的优势，以积极向上的态度提高自身各方面素质和能力；又如，选择类焦虑，需要个体拥有阳光思维，并明晰职业发展方向和职业目标，以此来消除患得患失的感觉；再如，等待性焦虑，则需要对自己信任，提高自信心，要相信自己定然能够找到工作并胜任，同时积极分析社会环境情况和行业发展情况，提升自身的同时寻找最佳的机会。

二、大学生需具备的良好就业心理

拥有一个良好的就业心理状态，是大学生在就业过程中实现身份转换、心理跃升和适应职场的基础，也是对大学生综合素质中心理素质的一次巨大考验。

大学生只有拥有良好的就业心理，才能够更加客观地认知自身和分析客观环境，从而充分发挥自身优势和能力，直面挑战，积极应对、有勇有谋，同时面对失败也才能够快速调整心态，进行反思和分析，在失败中寻找机会并做出科学的决策。

大学生良好的就业心理主要有以下几个特征。

（一）自我认知清晰、职业定位准确

对自我有清晰的认知是大学生就业之前必须具备的能力，需要充分认识到自身的各方面因素，包括优势、兴趣、爱好、技能、特征，以及不足、缺点、需完善的能力等，了解自身优势才能够充满信心，从而明晰自己能够做哪些职业，而了解劣势能够促使个体拥有空杯心态，从而能够不断提升自己，清晰定位职业目标和职业发展方向。

准确的职业定位，需要综合考虑自身因素和环境因素，从而有针对性地对社会需求和职业方向进行匹配，才能够更好地处理职业理想和就业现实冲突。尤其是在如今瞬息万变的就业形势下，大学生更应该在社会现实的基础上，随着就业形势的变化及时调整就业期望值，通过分析自身的职业发展方向，做出最适合自身的就业选择。

（二）正视现实状况、豁达看待就业

现实通常是客观存在的事物，正视现实状况是建立积极心态的基础，也是适应现实的前提。对大学生而言，就业现实就摆在眼前，包括就业形势较为严峻、大学生数量攀升等，大学生只有对这些因素有清醒的认识，不幻想不逃避，将现实状况中对自身有利和不利的条件均考虑在

内，并积极自信地面对现状，才能够做出最正确的就业决策。

能够正视现实状况，自然就能够洞悉大学生的就业情况，从而能够正视在就业过程中遭遇的困难和挫折。在遇到就业困难和挫折时，大学生还需要拥有自信豁达的态度，坚信自身的才能在万千社会职业中能有用武之地，也就是对自我有正确的肯定和认同，能够用积极、自信、活跃的态度去看待问题并解决问题，勇于迎接挑战并将其战胜，最终方能成为就业路上的成功者。

（三）主动寻找机会、勇于参与竞争

虽然如今就业市场采用的是"双向选择"模式，给予了大学生通过各种渠道和方式展示自身并选择职业的权利，但同时严峻的就业形势也令整个就业市场竞争极为激烈，所以大学生必须要学会主动出击寻找机会，并勇于参与就业市场的激烈竞争。

大学生只有主动挖掘机会、主动参与竞争，才能够综合展示自身的能力和特征，也能够通过竞争获取更多的经验教训，快速得到提升和完善。

（四）冷静面对困境、放眼长久未来

无论是在就业过程中，还是在未来的职业生涯中，遭遇挫折、困境等是必然经历，因此大学生必须要培养冷静面对困境并解决问题的能力，遇到挫折和困境要认真从主观和客观不同角度分析原因，只有这样才能更加准确地分析情况，从而有针对性地解决。虽然挫折和困境会给个体带来极为深刻的伤痛，但需要明白的是这种伤痛只是暂时的，只要勇敢面对并积极解决，就能够磨炼意志，且更快地提升自身。

另外，在就业过程中，大学生很可能会遇到职业愿望难以实现的情况，造成这种情况的原因有很多，大学生需要在此过程中放眼未来，将某个和自身职业理想相关的职业岗位作为起点，可能起点较低，但通过自身的努力和不断前行，必然能够改善职业环境和境遇，最终实现职业理想。

第二节　应用型高校大学生择业和就业心理调适技巧

大学生就业初期最容易出现的心理问题有自卑心理、自负心理、等靠依赖心理、焦虑心理、怯懦心理、从众心理、攀比心理、虚荣心理等，除这些容易出现的心理问题之外，在择业过程中，也容易出现一些心理问

题，如急功近利心理、幻想心理、患得患失心理、悲观心理等。例如，因为没有及时抓住某个对自己绝佳的机会而懊悔不已，从而患得患失，甚至影响到后续的求职，最终造成就业困难，又陷入更加懊悔的境地；因各方面因素进入并不期望的职业或城市，产生悲观情绪，甚至感觉毫无出路，形成悲观心理，最终无法快速提升，错过更多机会。

当择业过程中出现以上这些心理问题时，就必须要明晰这些心理出现的根源，并主动进行心理调适，将心理状态快速调整为积极进取的正向心理后，才能够在就业竞争中占据一席之地。

一、心理动机

从择业和就业的根源来分析，虽然大学生最终选择的职业各不相同，择业过程中产生的心理也多种多样，但其最核心的心理动机无外乎以下三个方面。

（一）个人生存的需要

就心理学角度而言，职业工作属于劳动的外在表现，是人类个体谋生的重要手段，也是人类社会发展过程中最普遍的现象，并逐渐形成了有劳有得、不劳无获的观念。

因此，职业是满足个人生存需要的方式和手段。通过职业工作的劳动，最基本的目的就是获取合理的经济收益，从而满足自身的生存需要。可以说任何一个大学生想要在社会中生存下去并满足自身的各种需求，工作是最基本也是非常必要的手段。

（二）个人发展的需要

正是因为职业和个人生存的关系极为密切，所以在个体整个人生生涯中，职业都占据着举足轻重的地位，除了可以满足个体的生存需求之外，其对人生发展的意义同样重大，能够在很大程度上满足个人发展需求，即实现人生价值和理想追求。

改革开放以后，经济的快速发展和人才流动政策的推动，使大学毕业生开始逐渐注重自己的职业意向，也开始将职业和自身的人生发展相融合，更加关注职业岗位与自身兴趣爱好、性格特征的契合度，期望能够通过职业的发展来挖掘自身的潜能并最终实现个人价值。

(三) 社会发展的需要

职业不仅与个体的发展和需求关系密切，同时也和社会的发展关系密切。尤其是大学毕业生，属于国家的高等人才。这些人才的就业一方面是为了满足其个体的生存和价值需求；另一方面则是满足社会发展的需求，为社会的发展尽责任和义务。

毕竟作为个体，其生存和价值的实现与稳定的社会环境、优良的社会发展空间等密不可分，所有在社会中活跃的个体，通过劳动成果互换来满足自身需求的同时，满足社会上他人的需求，并创造出更加和谐、稳定的社会。

以上三个层面的需求，就是大学生毕业后择业和就业的心理动机，了解了核心的心理动机之后，才能更有针对性地对大学生出现的心理问题进行调适。

二、心理调适及相关方式

大学生在择业和就业过程中出现的心理问题，有很大一部分是因为自身心理承受能力有限，易于受到各种心理干扰，从而导致无法遵循核心心理动机进行择业和就业，造成就业困难。因此，进行心理调适首先需要排除各种心理干扰，之后再运用心理调适技巧对心理进行调整和矫正。

(一) 大学生心理调适的必要性

在现实生活中，每一个人都难免会出现心理不平衡的现象，因此人们的心理活动总是处于一种"不平衡—平衡—新的不平衡—新的平衡"这样一个循环式的发展过程。每一个人都有着自我调节和自我控制的能力，都有能力改善自己的心境，并且找到最佳方式实现自己的理想，达到自己的目标。

高校大学生必须意识到人生实际上就是一个不断发展、不断变化的复杂过程，同时也是每一个人对社会不断适应的过程。随着社会的发展与进步，同时也伴随着人的发展与进步，社会总是不断地对人们提出新的要求，这使刚进入社会的高校毕业生感到很不适应。这个时候就需要每一位高校大学生做出自我调整与自我改变，努力地使自己适应当前的社会环境，使自己与环境始终保持一致，只有这样才能更好地适应社会，使自己得到更好的发展。相反，如果高校大学生不能做出自我调整或者自我改变，那么就很难适应当前社会的发展，在大学生的人生发展道路上也会阻碍重重，给大学生造成巨大的心理压力。在这种情况下，毕业生就很难有好的择业结果，严重的时候还会对大学生的心理健康造成不良影响。

临近毕业是大学生找工作的高峰期，他们会不自觉地产生好奇感，好奇当今社会能够为大学生提供什么样的职位，好奇自己会选择什么样的工作岗位，做什么样的工作内容；与此同时，有些大学生还会想到如何调整自己使自己适应当前社会的发展与需求，并凭借自身实力找到合适的工作。实际上前者属于社会就业环境问题，很多情况下个人是无法决定的；但是后者却是大学生的主观问题，是大学生可以自我掌控的部分。高校大学生只有从主观和客观两个因素出发，对就业环境有了一个充分的认识，同时对自己也积极做出调整才能使自己取得更好的发展。

在现实生活中，人们如果遇到了不顺心的事通常会抱怨环境，觉得是环境的客观因素导致这一切糟糕的事情，却很少寻找主观因素。众所周知，环境是客观因素，大部分情况下我们是无法改变环境的，但是我们可以做到适应环境，融入环境中去，只有这样才能使事情变得越来越顺利。

这里所说的自我心理调适是指高校大学生根据自身实际情况以及环境对大学生的条件需求，然后对自己的心理进行控制与调节，其目的还是让大学生在未来工作中发挥出自己的最大优势，以维护心理平衡，消除心理困扰。如果大学生学会了自我心理调适，那么在今后的择业与就业过程中就会坦然面对自己遇到的挫折与困难，并且通过大学生的自我调节与控制，有效化解遇到的困难与障碍排除择业与工作过程中的困扰，从而找到最佳途径实现自己的目标。但是，如果大学生无法进行自我心理调适，那么当它们遇到困难时就会一时难以应对，从而产生消极情绪或者对未来失去信心。所以，当代大学生必须意识到心理调适对于大学生择业与就业的重要性，从而自觉地提高自我调适的自觉性，增强承受挫折、化解冲突和矛盾的能力，及时调整自己的心理状态，促使心理健康，顺利择业。

（二）常见心理干扰和调适方式

1. 方向感不足、感到未来无望

大学毕业生在就业过程中，容易因就业形势严峻、就业竞争激烈而经历各种从未遭遇过的挫折、失败、困难等，首次切实体验到人情冷暖和人生艰难，无论有没有找到工作，都感到身心疲惫，对职业未来发展没有期望，甚至有些灰心丧气。

在这样心力交瘁的状态下，有些大学生会极为担心自身的能力、状态，以及职业的不确定和发展趋势不明朗，对未来可能遇到的障碍持逃避态度，从而形成了紧张和消极共存的就业心态。

这种心理状态对大学生的职业发展极为不利，尤其无法及时调整好心态，就很容易长时间陷入消极被动的情绪中，从而排斥就业求职，或者在工作岗位没有激情，不仅无法从工作中提升，获取足够的经验和提升，还可能陷入患得患失、力不从心的感受中无法自拔。若发现自己陷入这种心理状态，可以运用以下方法进行自我调适。

（1）梳理就业过程

可以逐步对自己择业和就业的过程进行梳理，寻找择业过程中遇到的同类问题，一点点剖析出就业技巧，在此过程中可以用不同方式先释放和缓解心理压力，如空闲时间游玩散心、将心中烦闷写到文章中、寻找亲友倾诉，在心理压力变小之后，再静心分析。

通过客观理智的分析，通常能够找到各种就业求职过程的相似之处，而个体所感受到的力不从心和心力交瘁，主要来自急于求成和期望值过大、心理压力大想逃避等，期望能够一切顺利并尽快解决这些问题，最终却适得其反，使心理无法承受干扰，压力越来越大。

了解原因之后，再根据经历剖析自身，会发现虽然整个择业和就业过程并不顺利，甚至历经了多次失败，但每次都会有或多或少的收获和成长，自身从心态、观念、经验等各方面都已经更加成熟，这些才是属于个人最宝贵的财富，能够为未来的职业生涯道路提供支持。

（2）广纳经验教训

剖析完自身，了解到自身的成长之后，还可以通过不同渠道和方式吸纳他人在就业求职过程中的经验教训。例如，可以和师哥师姐沟通咨询，也可以和已在社会工作一段时间的亲友交流，或者通过阅读一些社会成功人士的传记，广泛吸取教训和经验。

虽然他们的经历和处理方式，并不一定适合自身，但至少能够从这些经历中总结出很多经验、教训，也会发现个体经历的挫折、遭遇的问题、内心的感受等并非特殊经历，而是任何一位成熟的职业人都曾经历的过程。

通过广纳经验教训，个体可以受到更多的启发，从而找到更多适宜的方式来激励自身。从就业过程和人生路径来分析，人若想快速成长并迅速成熟，必然需要经历各种艰难困苦，而且必然需要一个蜕变的过程，只有从失败中吸取经验，这些经历才会变得更具有价值，从而成为人生路上的宝藏。

（3）尝试构建工作草案

如果尚未确定就业企业和职业，对心理进行调适后还可以为自己构建一个求职草案，如明确职业方向和投递方向，做好面试的准备。

面试的准备需要个体对每次面试失败的过程进行详细分析和反思，寻找问题到底出在哪里，主要从自身表现、态度、行为等着手，发现根源之后要制定对应的提升规划，确保曾经犯过的错不会再出现。并在未来一段时间中对经历过的面试进行反思和思考，从而提高和成长。

如果已经进入职业工作，则可以针对个体情况、企业情况和职业发展，构建未来的工作草案。可以寻求业内人士帮助，如咨询高校就业指导服务中心的专业人士，了解未来工作需要何种素质和能力，可能会遭遇哪些问题等，并有针对性地构建解决草案。

通常情况下，工作过程中越冷静，越容易正常发挥自身能力和潜力，而越担心，个体就越容易失去基本的控制力，甚至连基本能力都无法发挥出来。因此，在工作过程中若遇到问题，需要先梳理问题特征，冷静对其进行分析，努力寻找解决方案并尝试，在实践过程中获取更多的经验，最终可以令个体冷静迎接各项工作挑战。

2. 盲目攀比、过分看重面子

大学生在就业过程中，也可能会遇到表现不错却并未找到满意的职业工作的情况，而同学却不时传来捷报，如被某大型企业聘用、获得某职业岗位等。对比之下，个体开始出现失落、失望、不平衡，甚至嫉妒等心理，这些消极心理交织在一起，使个体感到难堪，于是在工作中急功近利，或者发誓要找一个比他人都好的企业和职位等，甚至本来已经就业却冲动离职，只为争回自己的面子。在个体因为以上经历感到难堪时，一定要先冷静，避免因一时冲动做出令自己后悔的抉择，可以通过以下方式进行心理调适。

（1）理智思考，控制情绪

当感受到心境不平稳时，个体首先需要控制自身的情绪，理智对现状进行思考和分析。例如，第一份工作不需要和他人进行对比，即使第一份工作的工作环境或薪酬一般，但若该工作对个体来说最合适，如可以充分发挥个体的能力、获得更多的指点和经验、可以得到企业关注并被倾力培养等，且该工作和自身职业生涯规划、职业发展方向匹配，就需要全身心投入。

所以不要盲目攀比，要从工作能够带给自己的机会等方面进行分析，只要工作能够让自身获得最实质性的成长，能够和自身的职业生涯规划相契合，就应该坚定地走下去，而不要被他人干扰心理状态。走自己的职业道路，才是最适合自己发展的模式。

（2）剖析面子，挖掘心理需求

大学生在就业过程中若发现自己过于看重面子，应该及时剖析重面子的核心因素，挖掘自身的心理需求，这样才能有针对性地进行处理。例如，有些人好面子是因为自卑，期望通过比别人更好的职业、地位或薪酬，来提高自己的尊严；有些人好面子是个性使然，期望追求最好，过于争强好胜；有些人好面子，则是因为外界因素对自身的压力和超高的期望等。

通过剖析面子问题，可以挖掘个体内心深处最核心的心理需求，了解需求后，才能做出更有益于自身发展的决策。如果极为盲目地追求面子，而没有内在动力的支撑，所谓的好面子就会令个体的未来发展较为乏力。明晰心理需求之后，可以根据核心需求制定出契合自身发展的模式，这时面子也就不再是需要关注的问题。

（3）"慢"下来，依计划行事

大学生在就业过程中，若过分纠结于面子问题，就很容易过分急切，从而出现浮躁、重表面的心态，最终影响自身的发展，得不偿失。其实，无论是做人还是工作，都讲究优良的品质，高质量才能支撑个体或企业走得更远更稳。所以，大学生在就业过程中不要过于急切，而是应该适当"慢"下来，在保证质量的基础上追求速度，对于个体未来的职业发展、学习的提升、人际关系网络的建构等，都需要谨慎，制订一个最有助于自身成长的计划，依照计划行事，走得足够稳，才能够走得更远。

（三）大学生心理调适的方法

大学生在择业和就业过程中遭遇各种心理问题后，可以运用以下几种心理调节方法，适当地对心理进行调适，并通过心理调适来影响行为，让自己更加积极向上，成长和进步得更加迅速。

1. 采用转移方式

转移方式主要有以下三种类型。第一种是通过转移注意力的形式，对消极情绪和心理适当的回避，并逐渐用积极的情绪和心理将其取代。通常情况下，陷入心理困境或出现心理问题，主要是由一些外部因素刺激造成的，在这种情况下，可以将注意力从这些外部因素转移到其他新的兴奋点和刺激点上。例如，将舒缓的音乐或体育活动等作为新的刺激点，替代原来的刺激点，激活新的兴奋中心，从而快速摆脱心理困境。

第二种是转移视角的形式，有时候外部刺激无法通过回避的方式淡化，这时就可以通过转移视角的形式，从其他角度看待遇到的问题。任何事物都不仅仅具有消极影响，换一个角度也许就会产生积极的影响。例如，面试因遭遇问题、陷阱而失败，如果只看到失败将会陷入消极的情绪中无法自拔，从而陷入心理困境；但若从另一个角度看，越早遭遇问题、陷阱，就能越早对其产生警惕，未来就不会再因同类问题、陷阱而失败，即获得了更快的成长，对未来发展具有积极影响。

第三种是转换认知形式，即重新对外部环境信息、内部因素等进行剖析和解释，相当于换一种认知形式对同样的问题进行思考和解释，通过这种方式能够有效减少和消除心理认知和心理体验的冲突，从而缓解情绪和心理压力。同时转换认知形式也能够令个体对问题的观察和认识更加细致和深入。

2. 变通方式和升华

变通方式和升华是在遭遇心理问题之后不对其进行转移和改变，而是通过变通来缓解和升华促进的形式使内心获得平衡和提升。

变通方式是在择业过程中遇到心理问题后，寻找一些较为客观的理由来为自己解释，以起到减轻痛苦、缓解紧张、消除失落等作用，从而令情绪再次平衡和稳定。但这只是一种应急式心理调适技巧，在心理问题得到缓解之后，还需要通过其他方式推动心理向积极方向过渡，以积极心理引导自身提升和发展。

升华方式通常在转移方式和变通方式无法奏效、心理问题长期无法解决时采用。这种情况下，最有效的方法就是进行心理位移，即将固着的消极心理进行升华，用一种高层次且积极的心理将其替代，并再次进行固着，起到改变消极心理状态的效果。

最常用的就是从消极因素中认识到其蕴含的积极因素，如通常所说的"失败是成功之母""化悲痛为力量"等，都是将固着的消极心理升华为固着的积极心理，推动个体奋发图强，跃升到更高的层次。

3. 改变目标

改变目标这种方式并不是从心理层面进行调适的技巧，而是通过转移和改变眼前目标、改变行走路径的方式来摆脱消极的心理状态，从而积极进取，向长远目标前行。

改变目标主要有以下两种形式。一种是补偿形式，通常是因为个体的内在因素缺陷，包括专业能力和综合能力等，也可能受到外在环境因素的影响，致使目标的实现动机受挫，不仅无法得到激励，甚至陷入心理困境。这时就需要个体替换原本的行动目标，可以通过对长远目标的分析和细化，将其更换为同样可以促使长远目标实现的另一个近期行动目标，以跳出心理困境重新出发。另一种是求实形式，即通过分析实际情况，以契合实际的方式调整原本的目标，同时还需要根据实际情况调整自我，包括自我提升、自我激励、改变实现目标的途径和方法等。这种形式的目标调整不会是颠覆式的，而是细微式的，并且是以改变自我和调整自我为主要方法，实现更加契合实际的目标，以便摆脱原本的心理困境。

（四）大学生进行自我心理调适的途径

1. 充满自信

高校大学生首先要做的事情就是对自己有一个客观而全面的认识，充分地将主观意愿和自身客观条件相结合，从而强化自己的自信心。从当代大学生的求职情况来看，很多大学生在求职过程中都是较为怯弱、胆小的，通常大学生羞于表现自己，更无法做自我推销，这会给用人单位留下非常不好的印象，这也很可能导致大学生与工作岗位失之交臂。当前的人才市场，竞争非常激烈，大学生应该全力地表现自己，克服自卑心理，树立自信意识。

高校毕业生要想促使自己充满自信，那么在日常生活中，就必须培养自己良好的人格品质，逐渐培养自己自信、乐观、坚强的良好品质，同时要有自强不息、开拓创新的精神，从而逐渐树立起自己的自信心。现实情况下，求职者遇到挫折或者遭遇用人单位拒绝其实都是一件非常平常的事，高校毕业生应该对自己充满自信，相信自己能够解决难题，勇敢地面对困难，而不是被困难吓倒、屈服于困难。同时，高校大学生应该经常对自己美好的未来进行憧憬，这样可以为大学生的努力提供源源不断的动力，给自己希望，然后向着希望不断地努力、奋斗，最终达到理想的彼岸，找到适合自己的工作。

2. 正视社会现实

每一个人都是现实社会群体中的一分子，在现实社会中扮演着不同的角色，所以，正视社会现实是高校大学生择业过程中健康心态的重要体现，也是大学生在择业过程中必须具备的一个素质。毕业生拥有积极的心态具体表现为能够正视社会现实、适应社会环境；而消极的心态则表现为逃避社会现实、与社会现实相脱离。当前社会，经济时代已经到来，社会也越来越尊重知识、尊重人才，而且随着我国市场制度的不断完善以及企业用人制度的不断完善，社会将为高校大学生提供更加公平、公正、合理的择业与就业环境，大学生也会有更多的择业选择、更多的择业机会，这也是大学生充分施展自身才华的重要保障。但是就目前的社会现实来看，社会市场经济发展还不够完善，各种制度也不够健全，而且社会上仍然会出现一些不公平的现象，所以当前社会为大学生提供的工作岗位不可能让每一位大学生都满意。因此，高校大学生一定要从自身的现实情况出发，树立正确的择业观念，敢于竞争，通过努力获得用人单位的认可。正视社会现实还表现为大学生根据社会需要选择合适的工作，而不是不切合实际地追求好单位、高工资或者好待遇。每一个人的生存与发展都离不开社会现实，人无法离开社会而单独存在，因此每个人理想的实现都是建立在他所处的社会环境的基础之上的。大学生择业是大学生的人生需求，这一需求当然也受到社会条件的限制和制约。综上所述，高校大学生一定要正视自己当前所处的社会，立足于社会现实和自己素质、条件理性择业，选择适合自己的职业。

3. 培养独立意识

高校大学生已经是成年人，有为自己行为负责的能力，步入社会之后，用人单位也会将大学生看作能够为自己行为负责的成年个体，因此进入高校之后的大学生就必须要树立独立意识，不能再依赖别人，让别人为自己承担错误或者责任。首先，大学生要有意识地培养自己独立生活的能力。高校大学生应该从日常生活小事开始，刻意地训练自己独立处理问题的能力，发展自己的各项技能，包括生活技能、工作技能等，刻意地摆脱父母与亲朋好友的关心与呵护，学会独立。其次，高校大学生要培养自己独立处理学习、工作中遇到的问题的能力。高校大学生需要充分发挥自己的创造性，不要等到家人或者老师安排之后才去完成，而是有一定的发现问题、发现工作的能力，在顺应环境的基础上适应环境，让环境为自己的工作服务。最后，高校大学生要从根本上获得独立：思想上和心理上。高校大学生要从思想上意识到自己将来要走的路，要有自己的观点和想法，为自己设定一定的奋斗目标，能够独立处理各种问题，使自己的思想体系不断得到发展与完善；高校大学生最重要的就是要获得心理上的独立，其中自信心是心理独立的关键，无论是顺境还是逆境，都应该勇敢地面对，并且相信所有的困难都是一时的，只要自己努力总是可以克服的。高校大学生要做到自尊、自爱、自信、自强，始终保持乐观进取、积极进取的心态。

4. 正确对待挫折

面对挫折的态度就像是一块试金石一样，它能够体现出一个人的心理是否健康，能否勇敢地面对挫折。如果一个人没有健康的心理，那么这个人就很容易知难而退，甚至陷入极端情绪。每个人的求职历程都不是一帆风顺的，高校大学生在求职过程中应该保持一个健康的心理以及积极向上的态度，即使遇到了困难也不要退缩，保持清醒的头脑，认真分析问题、解决问题。高校大学生在遇到挫折的时候只有经过了自己认真分析，才能知道问题出现的原因是什么，也才能够对症下药，尽快地解决问题。有的高校大学生在求职初期由于连续碰壁就开始灰心、垂头丧气，不愿意再给自己一次求职的机会，这样最终只能导致自己求职无望，事业无成。所以，要勇于面对挑战，知难而进，百折不挠。通向成功的道路从来都不是平坦开阔的，而是布满了荆棘、充满了泥泞，只有勇于克服困难的人、勇于迎接挑战的人才能通向成功的彼岸。对待挫折不是被动适应和一时忍耐，而是应该在逆境中成长，在困难中成熟，成为一个勇于克服逆境的人。

第三节　应用型高校大学生就业心理问题及应对策略

新冠肺炎疫情暴发以来，全球经济和就业都深受影响。我国疫情防控进入常态化阶段，与疫情的对抗或许是持久战。在就业择业过程中，受外因（疫情、就业形势严峻等）和内因（就业主动性不强等）交织影响，对应用型高校大学生的心理产生了强烈的冲击，若其心理困境没有得到疏解，势必会影响他们的健康成长。因此，疏解大学生出现的不良就业心理，确保他们能拥有健康的就业观具有重要意义。

一、大学生就业中存在的主要心理问题

（一）焦虑迷茫，对未来缺少规划

目前，部分毕业生由于缺少对未来的规划，在初次择业时往往感到迷茫。他们在面临择业时，没有确定自己就业区域、就业所在地范围和就业

领域，缺乏明确的目标和清晰的方向。在就业过程中总有不必要的担心，造成精神上紧张焦虑，影响睡眠质量，行为上表现得无所适从。没有接触社会的大学生面临择业和选择生活方式的时候，不能很好地适应社会，长期压抑自己，会加重他们的焦虑情绪，不利于大学生的身心健康。

（二）自卑作祟，自信心缺失

新冠肺炎疫情防控期间，高校毕业生由于缺乏实践经验，当进行择业时很容易缺乏自信，降低自我效能感。有的高校毕业生在招聘会上被连续否定，因就业无助而怀疑自我。毕业生如果不能及时缓解这种低落的情绪，就会使自己产生自卑心理，从而加重心理负担，使就业效率也会变低，最终对自己的就业产生排斥，导致慢就业甚至消极就业。

（三）盲目自负，就业期望值偏高

许多大学生在择业时不切合实际，好高骛远，过分考虑就业的地域，不愿到偏远的城市和基层单位，都希望去福利待遇高的一线城市、级别高的机关，执着于 CEO、CFO，走商业路线。他们秉持"非一线城市不可"和选择效益好的工作单位的想法，在最终没有找到理想就业单位的情况下，不会调整自己的就业期望值。

（四）从众攀比，自我定位不准

每个人实际情况不尽相同，适合的岗位也必然不同。有的大学生为了逃避就业，盲目跟随班上同学和身边室友考研。盲目从众会导致自己不会主动去思考一些问题，所有的答案都依赖于别人，缺乏对自我的准确定位。

有些高校毕业生在就业时存在攀比心理，他们找工作的标准不是工作是否适合自己，或能否为社会贡献一分力量，而是自己的工作有没有比其他人好，能否满足自己的虚荣心。这种心理导致学生在就业时，没有明确自己的求职标准和就业定位，对自己的能力不能进行客观的评价与分析，一味地追求优于他人的高薪工作，追求所谓"体面"和社会声望高的工作。这种从众攀比的心理对于找工作的毕业生来讲是致命的。

（五）逃避依赖，就业主动性不足

现在，多数大学生尚未经历社会的挫折，他们的心理承受能力较弱，还没着手进行就业准备就早已想好借口来寻求安慰。在处理事情的时候，他们往往会以各种理由进行逃避，缺乏对就业的主动性，导致其抗挫折能力较弱，在困难面前往往"不战而败"，不仅会失去就业机会，还会严重影响就业动力。在就业过程中遇到的一些小挫折，会给他们带来难以承受的打击，令他们心生悲观情绪，产生逃避的心理。

二、大学生就业心理问题的归因分析

（一）社会原因

统计显示，1999 年全国高校毕业生总人数为 101.1 万人，2022 年已经突破 1076 万人，市场开始趋于饱和状态，社会经济进入升级转型阶段，就业岗位收缩。在新冠肺炎疫情影响下，全球经济下行，世界多国实行出行限制和封锁政策，企业生产经营延迟，轻则裁员、重则破产，很多企业遭受重创，短期内就业市场岗位锐减。尽管在党中央领导下统筹推进疫情防控工作，取得了明显成效，但国外疫情仍然肆虐，尚未得到有效控制，国内经济的发展还受诸多不可控因素的影响。

各学校的招生规模在前一年的基础上增加，高校毕业生的数量只增不减，毕业生和就业岗位供需失衡。当下的疫情签证难办让很多留学生选择在中国国内就业，有海外留学想法的学生也搁置了他们的计划，也加剧了就业的竞争。疫情加速了部分行业需求调整，人岗匹配难度增大，这势必增大了毕业生就业心理压力。虽然有一些政策促进区域协调发展，但我国经济地区发展不平衡问题仍然存在，大部分人都倾向于选择比较发达的地区和城市。此外，劳动力市场信息不足导致信息不对称等因素，也会加大毕业生的就业压力。

（二）学校原因

有些高校就业指导课程都是临近毕业的学年才开始上这门课，或者是在某一个学年，这样学生就不能系统地接受就业相关的知识，不利于学生对未来的求职规划。目前，较多就业指导课程设置与社会严重脱节；高校的就业指导体系仅限于课上传授就业和创业的理论知识、毕业季在校内组织开展招聘会等，而忽略了学生们创新实践能力的培养，导致毕业生普遍缺乏实践经验。

目前，高校建立的就业服务中心和就业指导中心的工作人员主要由学生和一些业余人员组成，普遍缺乏专业知识，无力为毕业生所面临的具体就业问题提供高效、专业、客观的指导意见，从而在很大程度上弱化了就业信息服务体系的作用，使其无法满足毕业生的就业信息需求。有些高校心理咨询教师并没有通过专职的心理咨询教师资格认证，大部分是思政教师或者辅导员兼职这项工作。这些老师没有系统地学习心理方面的知识，更缺乏相关的实际工作经验。

（三）家庭和自身因素

据人类心理学的发展机制来看，高校毕业生正处在情感丰富、敏感且易冲动的人生阶段，绝大部分的大学生对于情绪自控能力及调节能力均较差。大学生处于过渡时期，各方面的发展也还不够成熟。尽管国家出台了优惠政策激励大学生去祖国需要的地方建功立业，但一些大学生自我意识较强，忽视社会需要和职业发展前景等因素。在面临就业问题和就业压力时，缺乏社会适应能力，加上对就业形势判断不准确，很容易出现焦虑迷茫、自卑作祟、自信缺失、盲目从众等就业心理问题。

父母的观念和社会关系等对学生就业心理产生的影响总是潜移默化的。在就业时被家长灌输找工作就要找"铁饭碗"，优先考量稳定的工作，就业观念陈旧。父母的言行、家庭氛围等对大学生"三观"的形成有着决定性的影响。有些毕业生的承受能力弱，他们沉浸于自卑的消极情绪中，缺乏就业技巧，对就业的重视程度也不够，以自己到临近毕业定能找到一份工作为借口安慰自己，而当真正面临就业时极其容易出现逃避依赖的就业心理，以缓解自己的焦虑。很多大学生往往会过高地评价自己，存在严重脱离实际的幻想，容易出现盲目自负的就业心理。

三、大学生就业心理问题应对策略

（一）突出社会在大学生就业中的引领作用

1. 营造健康积极的就业创业环境

国家和社会大力扶持就业，促进毕业生高质量就业。积极扩宽高校毕业生的就业渠道，完善就业机制，搭建孵化平台，鼓励毕业生创新创业，并且在创新创业上加大资金投入，指导创新创业，缓解人才需求与供给之间的矛盾，促进毕业生平稳就业。

2. 优化就业结构和模式

面对当前严峻的就业形势，国家以及相关部门应该不断扩大就业市场，优化就业结构和模式，降低他们在巨大的就业压力下产生的不良心理的出现率。实施选调生、"三支一扶""特岗计划"等就业项目，对应届毕业生进行专项的岗位招聘，为应届毕业生的就业保驾护航。人力资源和社会保障部门要认真履行自己的责任，强化就业指导，依托"互联网+"打通线上线下对接通道，运用信息化手段提供优质高校服务。

3. 完善就业相关政策

新冠肺炎疫情给全球经济带来了一定的冲击，为缓解就业压力，政府出台了一系列文件。如教育部发布的《关于做好 2022 届全国高校毕业生就业创业工作的通知》，国务院办公厅印发的《关于支持多渠道灵活就业的意见》等，对新兴就业形态（互联网、人工智能、线上教育等）给予政策支持，致力于拓宽就业渠道，增加就业岗位和机会；同时，优化创业环境，对房产租金进行减免，降低就业创业的成本。

（二）重视高校在大学生就业心理的指导作用

1. 完善就业指导体系

学校要加强对大学生在就业上的指导，时刻了解他们的就业动态，以便在出现就业问题时能高效精准地解决，制订就业方案，分工负责，实现高校就业工作的全员化，提升毕业生的就业率；对还未就业的学生进行实名登记，在疫情期间发挥好线上指导的作用，帮助其分析可能获得的就业资源的利弊，为其提供指导性建议，全方位、多渠道做好高校毕业生就业指导服务。

2. 加强就业心理师资队伍和课程建设

高校应该努力建立一支专业、执行力强的心理辅导师资队伍。更重要的是，对每一位毕业生的就业心理压力要做好评估和分析，按照"每个人有不同对策"的原则，制订出个性化的心理疏导方案，从源头上阻止和降低学生就业不良情绪的产生。就业指导课程需要根据社会发展和经济形势更新课程内容，并且尽量平均分布在每个学年，保证大学生能持续地接受系统就业知识。

3. 营造积极氛围，挖掘学生潜能

为大学生就业营造积极向上的氛围。一是学校可以鼓励大学生在每年的寒暑假和节假日在企业实习，提前体会就业氛围，提高其实践经验和抗压抗挫折能力，预防消极就业的出现；二是通过成功就业的典型模范来分享就业技巧和经验，促进学生自信和对就业的熟悉感；三是教师可以通过积极的心理暗示，挖掘出其潜能，帮助他们纾困不良的就业心理。

（三）发挥家庭对大学生就业心理的堡垒作用

1. 营造健康和谐的家庭成长环境

家庭对学生的影响是潜移默化并且持久的。家长要尽力营造健康和谐的家庭成长环境，并掌握一定的育人知识，关注孩子的思想和行为情况，一旦发现其行为异常要及时和学校老师沟通，若等到孩子心理问题程度十分严重再来拯救孩子，则不利于孩子心理健康的预防和及时恢复，应早发现、早预防。

2. 丰富家庭教育内容并转变家庭教育观念

家长可以通过教育机构举办的一些家庭教育培训不断提高自身素养，阅读一些教育知识的书籍来提升教育方法，摒弃传统的重学习成绩轻心理教育的家庭教育方式。家长不仅要重视对孩子物质需求的满足，还要适当关注他们的精神状况，提高其抗压抗挫折能力，让他们拥有足够的信心面对未来的挑战。在孩子就业不成功之时，也要及时给予关心和支持，帮助孩子解决就业问题。

（四）强化大学生在就业心理中主体作用

1. 塑造健康的人格

大学生不仅要夯实自己的理论知识体系，还要提升其他方面的能力，全面发展自身。毕业生求职时必须认清形势，不断增强心理建设，积极应对就业压力，增强自我调适能力，积极解决问题，争取就业机会。大学生塑造健康人格，摆脱不良情绪的影响，以积极的心态迎接就业。

2. 形成正确的自我认知和定位

大学生应结合自己性格、兴趣爱好、知识能力、就业形势等多方面因素来选择适合自己的发展方向，克服盲目从众，准确找到与自己匹配度高的工作。具体选择什么工作岗位，要结合实际情况谨慎评估，对自己清晰定位，明确目标后要付诸行动，无论是研究生考试、公务员考试，在行动之前都要制订详细的计划，不打无准备之仗。

3. 树立正确的就业观念

树立正确的就业观念，既要看到当下所面临内外部大环境下的就业挑战，更要在高等教育普及化的时代准确定位自身、学习符合未来职业的知识体系和工作技能，正确认识自我，反思自我，充分发挥自己的优势，与时俱进，积极主动地去适应社会融入社会，做好职业生涯发展规划，并在日常学习中通过提升关键技能武装自己，以提高自己的就业成功率。

综上所述，各级政府、各地区、社会各界正在采取各种有力举措积极推进就业，凝聚支持就业强大合力，铸牢就业基线。当下社会生活节奏快，大学生就业心理压力大不可避免，在出现就业心理问题时要及时调节自己的情绪，寻求专业的帮助。在当前形势下，我们不仅要看到新政策新举措，探寻行业的新模式，还要释放市场活力，找寻优质新兴业态，拓宽就业渠道，突破就业窘境。

第四节　应用型高校大学生就业权益保障

高校大学生的求职权与上岗权是由法律保护的，但是在实际求职过程中，大学生由于各种原因总是在无形中被剥夺求职的权利，这极大地损害了求职者的利益，同时也使高校大学生的求职积极性受到了挫伤与打击，对其未来职业的发展造成了很大的不利影响。所以，高校大学生在求职的过程中应该学会使用法律的手段坚决维护自身的合法权益，捍卫自己的利益。高校大学生一般都是在毕业之后才会真正地踏上求职的道路，毕业生在求职的过程中对自己权益的保护主要由两个阶段组成：一个是毕业生在求职过程中（首次就业）的权益保护；另一个是毕业生在上岗后（劳动关系）的权利保护。权益保护阶段的不同就意味着保护侧重内容的不同，求职中的权益保护侧重的是学生就业协议的签订或者试用期劳动纠纷的处理；上岗后的权利保护则侧重于劳动合同的履行。

一、大学生的就业权益

应用型高校大学生是当前我国一个非常重要的群体，每年的毕业生人数都在增加，他们也是每年求职的重要组成群体。高校毕业生在求职过程中实际上享有多方面的权益，其主要包括以下六个方面的权益。

（一）获取信息权

对于高校大学生就业来说，就业信息是最为重要的内容，如果没有就业信息，高校大学生就无从谈起择业与就业，因此可以说，就业信息是高校大学生成功地进行择业与就业的前提条件。高校大学生只有获得了充分的就业信息，才能够在就业信息的基础上根据自身条件与能力选择适合自己的工作岗位。高校大学生获取就业信息权主要包含以下三个方面的内容。

1. 就业信息公开

所谓的就业信息公开指的就是任何用人单位不得向高校毕业生隐瞒、截留就业信息，高校毕业生有知晓就业信息的权利。

2. 就业信息及时

就业信息及时指的就是高校毕业生有及时知晓就业信息的权利，而且就业信息需有效。那些过时的、无效的就业信息不得传递给高校毕业生。

3. 就业信息全面

高校毕业生有权通过正当渠道获得他们所需要的准确而全面的就业信息，这样做可以帮助毕业生提前对用人单位有所了解，并选择适合自身条件与能力的工作，促进高校毕业生快速就业，并实现高质量就业。

（二）接受就业指导权

高校毕业生可以享受学校的就业指导，对此学校也应该成立专门的大学生创业与就业指导部门，聘请专业的就业指导人士对高校毕业生进行及时毕业就业指导，这一指导是多方面的，主要包括国家正在施行的就业政策、方针、就业与择业技巧等。同时还需要引导高校毕业生进行理性择业，充分结合自身能力与特点选择适合自己的工作岗位。

（三）被推荐权

高校毕业生有被推荐到相关岗位就业的权利。学校专门管理大学生就业的部门有责任向用人单位推荐本校的毕业生，这对于高校毕业生的就业起到关键作用。高校毕业生所享受的被推荐权主要有以下几个方面的内容。

1. 如实推荐

如实推荐指的就是高校就业管理部门在向用人单位推荐毕业生时应该根据学生的具体情况，做到实事求是。不得无中生有，随意贬低毕业生，同时也不能对高校毕业生的优势和长处进行隐瞒，应该将毕业生的表现如实地呈现给用人单位。

2. 公正推荐

高校在推荐毕业生的时候应该本着公平、公正的原则，不可以偏袒一些学生贬低一些学生，这严重侵犯了高校毕业生公正推荐的权利。高校应该为每一位毕业生都提供同等的就业机会，让其公平竞争。

3. 择优推荐

高校在推荐毕业生的时候可以适当择优推荐。所谓的择优推荐指的就是高校在向用人单位推荐毕业生的时候可以在公平、公正的基础上，对于在校表现非常优异的毕业生进行优先推荐，而用人单位在对人才进行选拔的时候也应该择优录用，从而做到"人尽其才"。这样做不仅可以让用人单位录用到更优秀的人才，同时也有利于激发学生的自我积极性。

（四）选择权

我国早就做出了相关规定，高校毕业生需要在国家就业方针与政策的指引下进行自主择业。用人单位在有选择性地录用人才的同时，高校毕业生也有自主选择工作岗位的权利，学生在进行自主择业的时候，学校与用人单位不得干涉。任何人、任何单位不得强迫高校毕业生到本单位进行就业，都应该尊重毕业生的就业意愿，不得侵犯高校毕业生的自主选择权。高校毕业生可以根据自身的条件与专业能力和用人单位签订用人合同，以保护自身的合法权益。

（五）公平待遇权

用人单位在对高校毕业生进行录用的时候应该本着公平、公正与一视同仁的原则，不得以各种理由歧视高校毕业生。但是就目前用人单位对人才的录用情况来看，还是存在缺乏公平、公正的现象，完全公平与开放的就业环境还有待形成。比如一些女生在毕业之后找工作较为困难，用人单位会因为女生的各种限制条件而拒绝录用女性毕业生。

（六）违约及求偿权

三方协议是刚刚毕业的高校大学生择业权利的保障，三方主要是指学校、用人单位和高校毕业生本人，其三者一旦签订协议就具有了法律效应，任何一方不得随意毁约。在签订了三方协议之后，如果用人单位无故毁约，那么高校毕业生就有权利要求对方按照协议进行赔偿，要求用人单位承担违约责任。

二、大学生就业法律保障

为了使高校毕业生在毕业之后能够顺利地择业、就业，我国政府近几年来陆续出台了很多政策、法规，以保障我国高校毕业生择业与就业的权利。

（一）就业协议的法律性质

1. 就业协议的内涵及特征

所谓的就业协议指的就是高校、用人单位和高校毕业生三者的权利与义务的书面呈现。就业协议可以使高校大学生的就业权利得到有效保护，对于刚踏入社会的高校大学生来说，就业协议无疑是有着重要作用的。就业协议是以毕业生所在的高校为推荐人，由毕业生与用人单位签订的就业意向协议，这一协议明确规定了高校、用人单位和高校毕业生三者所享受的权利与应该履行的义务。就业协议具有法律效应，具有强制性特点，用人单位如果要录用某一高校毕业生就必须与该生签订就业协议。就业协议有着鲜明的法律特征，其主要有以下几个方面的内容。

（1）主体。就业协议使用的主体是学校、用人单位与高校毕业生，在这三者中，高校也是协议签订方之一。就业协议对用人单位的性质并不做要求，它适用于所有合法、正规的企业、公司等。

（2）内容。就业协议的内容除了规定高校、用人单位和高校毕业生三方的权利与义务之外，还包括毕业生的个人基本情况，这一基本情况必须是真实的，既不可以蓄意隐瞒，也不可以无中生有。用人单位在录用毕业生的时候也会参考就业协议上毕业生的在校表现，因此就业协议上的内容必须是真实、有效的。高校毕业生在与用人单位签订就业协议之后应该将其中的一份留在学校，学校做毕业生就业情况统计用。需要指出的是，就业协议中规定的权利与义务只适用于毕业生就业过程，而对于毕业生在具体工作中所享有的权利与义务没有做出规定。

（3）合同类型。就业协议是高校毕业生和用人单位之间签订的一份意向协议，其同样适用于我国的《合同法》。就业协议一经签订就具有了法律效应，任何一方不得随意毁约，否则需要承担相应的法律责任，其对毕业生和用人单位都起到约束的作用。

另外，高校大学生需要知道，一般情况下，就业协议都是由教育部或各省、自治区、直辖市就业主管部门统一制定的。

2. 就业协议的主要内容

（1）高校毕业生在择业的时候应该按照国家的相关法律、法规，实事求是地向用人单位介绍自己的情况，包括个人的基本情况、专业技能等方面，向用人单位及时地阐明自己的工作意向，不得隐瞒。与此同时，如果毕业生和用人单位签订了就业合同，那么毕业生需要按照规定到用人单位进行报道，如果不能及时报道需要向用人单位说明情况并征得用人单位的同意。

（2）用人单位在面试毕业生的时候应该如实介绍自己单位情况，不得蓄意隐瞒事实，与此同时，用人单位还需要及时了解毕业生的工作意图，以免造成刚入职就离职的情况。同时用人单位还要做好对毕业生的接收工作。

（3）学校也有责任让用人单位了解学生的实际情况，不得一味地追求学校的就业率而隐瞒学生在校的真实表现，从而误导用人单位。如果用人单位同意了录用某一毕业生，那么经过学校审核之后就可以报向就业管理部门进行批准，派遣手续则是由高校统一办理。各方在签订就业合同之后不得违约，否则需要承担相应的违约责任。

（二）劳动合同的法律性质

1. 劳动合同的内涵界定

与就业协议不同，劳动合同一般是由毕业生与用人单位双方签订的，这一合同的作用在于确立劳动关系，明确签署双方的权利与义务。

2. 劳动合同的必备条款

我国相关法律规定，劳动合同必须以书面形式进行订立，并且合同中还需要有以下七个方面的条款。

（1）劳动合同的期限。劳动合同的期限是指劳动合同从签署之日到合同终结之日的这一段时间。从目前我国的劳动合同期限来看，主要有以下三种形式：第一，固定期限；第二，无固定期限；第三，以完成一定的工作为期限。其中，固定期限的劳动合同在白领工作中比较常见。需要注意的是，固定期限的劳动合同必须要求用人单位明确合同的签署日期和终结日期。应聘者在签订劳动合同时有一定的自主权，即使已经在某一个单位工作了十年之久，其工作人员同样可以要求和用人单位签订无固定期限的劳动合同。需要注意的是，无固定期限的劳动合同需要用人单位对劳动合同的开始期限及终止条件进行明确。

（2）工作内容。工作内容是指工作者所从事的工作和占据的工作岗位。在签订劳动合同时应该要求用人单位注明工作职位和具体岗位，以做到定岗定位。

（3）劳动保护和劳动条件。在现实生活中，有很多高校毕业生在签署劳动合同时都不太注意劳动保护和劳动条件这一部分，而事实上这一部分却是劳动合同中非常重要的部分，同时也是内容最广泛的，其几乎涵盖了半部《劳动法》。所以，劳动者尤其是高校刚刚毕业的大学生应该尤其注意这一部分，在签订劳动合同时仔细阅读。

（4）劳动报酬。劳动合同上应该标明劳动报酬的具体数额，如果不是具体数额也可以是具体的劳动报酬计算方法及支付日期，同时用人单位还需要向劳动者说明这一劳动报酬是税前还是税后。

（5）劳动纪律。对于劳动纪律这一方面，劳动法中还没有做出过多的规定。劳动合同中的规定通常都是一般性规定。劳动纪律这一方面的内容通常都反映在企业内部的规章制度中，劳动者在工作之前也应该提前对这一内容有所了解，因为劳动者在日后的辞职或者解聘中会涉及这方面的内容。

（6）劳动合同终止的条件。劳动合同终止的条件不是随意提出的，而是要以我国相关的法律、法规为依据进行订立，对于那些不符合劳动法律规定的合同终止通常都是无效的。在现实情况中，有的用人单位会把法律规定的劳动合同解除条件约定为劳动合同终止条件，从而尽量不承担因为合同终止而带来的补偿责任，这种劳动合同终止条件的约定是不符合法律的，是违法行为，即使约定了也是无效的。

（7）违反劳动合同的责任。违反了劳动合同通常都需要违约方赔偿一定的违约金，劳动合同中对劳动者违约金的约定只有两种类型，一种是违反服务期的约定；另一种就是违反保守商业秘密的约定。除了上述两种类型之外，其他的约定都可以看作无效约定。

上述提到的七个条款是劳动合同产生法律效力的法定要件，缺一不可。但需要劳动者注意的是，劳动合同无效并不代表劳动关系无效。即使劳动合同在形式上有一定的不足和缺陷，但是只要劳动者与工作单位有劳动关系，劳动者的合法权益同样是可以受到法律保护的。除了上述七项条款之外，劳动者还可以与用人单位商议约定其他的内容，只要双方达成一致。

三、大学生求职陷阱防范

从现实情况来看，我国当前的就业市场还不够完善，高校毕业生由于刚进入工作单位，所以维权意识也比较淡薄，与此同时，也会出现监管乏力的现象，这些都导致一些用人单位在用人方面存在就业歧视、弄虚作假、收取押金和侵犯隐私等现象。

（一）常见的求职陷阱

1. 高薪陷阱

从现实情况来看，有很多用人单位在对外发布招聘信息时，通常都将高新作为诱饵，以此来吸引更多的大学生前去面试。但是当毕业生正式上岗之后才发现自己的报酬并不像用人单位说的那样，用人单位也会寻找各种理由回避这个问题。

2. 传销陷阱

传销是国家明令禁止的一项违法活动。从现实情况来看，当前传销组织蒙骗的首选对象就是刚刚步入社会的高校毕业生。高校毕业生一旦踏入传销组织就很难使自己得到解救，其会被限制人身自由，被迫从事传销活动，还会要求毕业生交纳高额的入门费用。不仅如此，传销组织还会通过扣押毕业生身份证等有效证件的方式阻止受骗者离开。与此同时，受骗者还会被迫和自己的亲戚朋友取得联系，以从中牟取利益。

3. 协议陷阱

就业协议对高校毕业生和用人单位都具有一定的约束力。按照有关规定，就业协议并不能代替劳动合同或聘用合同。高校毕业生在签订就业协议时通常会遇到以下几种陷阱：第一，用人单位只是愿意录用毕业生但是并不与毕业生签订就业协议书；第二，用人单位与毕业生签订就业协议之后就不再签订劳动合同；第三，用人单位不愿意将对毕业生做出的承诺写进劳动合同中；第四，用人单位不遵循毕业生的意愿，强行与毕业生签订"霸王合同"。第四类陷阱是指大学生在择业与就业时因为种种原因而不敢对可能会使自己权益受损的条款提出异议，甚至在签订协议时用人单位会添加无理条款，而大学生由于害怕找不到工作而被迫同意。

4. 试用期陷阱

试用期实际上就是劳动关系的试验阶段，是指用人单位和劳动者为了对彼此有更多的了解而约定的考察期。在试用期内，用人单位会对劳动者的工作能力进行考察，而劳动者也会对用人单位的情况进行了解考察，其实质上是用人单位与毕业生双方互试的过程。但是现在有很多用人单位拿试用期哄骗毕业生，主要表现在以下几个方面。第一，用人单位规定的试用期时间太长，或者和劳动合同规定的期限不相符合；第二，用人单位要求毕业生在试用期内如果离开的话就要承担违约责任；第三，试用期内，用人单位无故辞退毕业生；第四，直接用见习期代替试用期；第五，与毕业生强行约定实行两个试用期；第六，在与劳动者续签劳动合同时依然为劳动者设定试用期；第七，试用期的工资比当地的最低工资标准还低。

5. 剽窃陷阱

有一些公司要求应聘者在应聘时设计一些程序或者广告等，以此来考察求职者的能力，有一些公司实际上就是借助这一点将求职者的作品占为己有。

6. 收费陷阱

收费陷阱实际上在生活中很常见，是指用人单位借助面试的幌子向面试者收取押金、保证金、培训费等。有一些高校毕业生由于着急找工作就缺失了辨别能力，向用人单位交纳了一定的金额。

7. 劳务陷阱

高校毕业生在求职的时候，看到招聘单位招的是合同制员工，但是在被正式录用之后却发现自己变成了"劳务工"或"派遣工"。

（二）求职陷阱的防范

高校毕业生在对求职陷阱有了一定的了解之后，接下来的防范就简单了很多。这些求职陷阱实际上还是比较容易辨别的，只要求职者保持足够的警惕。对于求职陷阱的防范主要有以下两个层面。

1. 学校层面

（1）加强就业政策宣传教育。高校主管大学生就业的部门应该及时向大学生普及这些求职陷阱，帮助大学生认清当前严峻而复杂的就业形势，同时向大学生普及国家最新的就业政策和法规。

（2）多向学生介绍防范求职陷阱的知识。刚刚走出大学校门的高校毕业生难免显得稚嫩，社会经验明显不足，而且做事通常缺乏谨慎的考虑，对求职陷阱的辨别对他们来说可能存在一定的困难。高校应该对大学生的求职陷阱防范意识进行加强，对高校大学生进行及时的陷阱防范教育。与此同时，高校需要向大学生普及正规的招聘信息网站，拓宽高校大学生获取就业信息的渠道。并且教会学生能够根据自身的专业能力对公司工资进行可信度辨别，到公司应聘的时候要及时咨询自己不懂或者不确定的问题，不要被用人单位表面华丽的说辞所迷惑。

2. 学生层面

（1）端正就业心态。首先，大学生在校期间一定要用心学习，努力掌握自己的专业知识，培养自身的专业技能，提升自身的工作综合能力，为以后踏入社会找工作打下坚实基础；其次，大学生不要抱有侥幸心理，要始终相信"一分耕耘，一分收获"，不要相信不劳而获的谎言，不要轻易相信用人单位所谓的高工资、高待遇、挣钱快等消息。大学生要始终坚信，好的事物都是自己奋斗得来的；最后，大学生对自己要有一个清晰而全面的认识，了解自己适合做什么工作，自己的工作能力是怎样的，不要被别人的甜言蜜语所迷惑，不要轻信别人。

（2）不断提高法律意识。大学生无论是在校还是步入社会都要不断地学习相关法律，比如《劳动法》《合同法》等，因为这些法律与我们的工作、生活息息相关，高校大学生在步入工作之后应该学会维护自身的合法权益，提高辨别不法行为的能力；除此之外，大学生应该树立法律意识和自我保护意识，遇到不合法的侵权行为一定要善于使用法律武器保护自己，不给违法分子以可乘之机。

第六章

新入职高校大学生的角色转换及培养

第一节　新入职高校大学生的角色转换

人的一生中，都会不断地在社会这个舞台上扮演不同的角色，不同的身份、地位，都会令个人的角色有所不同，有时还会身兼多种角色。不同的角色都有其特定的要求和期待，也就是处在什么样的位置就需要做什么样的事。

就社会角度而言，角色是社会赋予人的不同权利和义务。例如，学生的主要任务是学习知识，其主要角色就是学生，同时学生又是父母的孩子，担负着孩子的角色。根据人的社会任务和人生意义的变化，角色也会有所变化，有时就需要从一个角色过渡到另一个角色，这个过程就是角色转换。

作为大学生，在高校中主要担负的角色就是学生，但在不断学习和成长的过程中，其学生角色会逐渐向职业人的角色转换。不过学生角色向职业角色的转换并非一蹴而就，通常是一个较为艰难的蜕变过程。

一、学生角色与职业角色的关系

在整个社会角色分类及发展演变中，有两种角色显得尤为突出，因为它们将对角色主体产生巨大而深远的影响。它们就是学生角色与职业角色。从两者的发展历程上看，具有紧密的联系，但从年龄、中心任务、人际关系等方面看，又有着巨大差别。

作为学生，在经济上主要是依靠家庭供应或社会资助，大多没有社会负担和家务负担。在校园里，学生以学习为主，上课、实验、自习、考试，自由地参加课外兴趣项目、体育锻炼和文化娱乐活动，彼此之间的关系比较单纯，没有什么利害冲突，偶尔有小的矛盾或摩擦也会很快化解。

而作为职员，有固定的合法收入，经济上相对独立，有能力对社会、工作、家庭承担相应的责任。从事任何职业的员工，都有特定的权利、义务和行为方式，都有自身的价值。在单位里，每一位职员都有自己确定的工作岗位，职员要在这个岗位上进行脑力劳动和体力劳动，创造一定的劳动成果。各种方式的劳动成果为本单位积累了经济效益或社会效益。职员依靠个人的劳动从单位领取定额的薪金，作为独立生活的经济基础，个人在从业过程中感受到这一社会角色的成就和价值。在单位里，一名职员的职业前途固然依赖其工作态度、劳动纪律和业绩好坏，但在一定程度上还依赖自己能否处理好人际关系。周围那些不同身份、地位、年龄、性别、道德和文化素质的领导和同事，他们都在既定的一种"文化氛围"内各行其是，维持和推动着本单位的运作和发展。因此，作为职员，还要注重掌握一些为人处世的技巧和方法，建立良好的人际关系，营造融洽的工作氛围，并为个人进一步发展打下坚实的基础。

由于身份和社会地位存在的差异，学生角色和职业角色的最大不同体现在所承担的社会责任上。在学校里，学生如果不认真学习，考试成绩较差，或违反了学校或班级纪律，只对自己有影响，并不会产生什么社会后果。但在工作单位里，如果职员因违反单位规章制度，导致生产事故的发生，或生产出的产品不合格，或由于工程设计的失误造成了重大损失，或由于疏忽大意造成了医疗事故，这就不仅仅与个人有关系，还会产生不良的社会影响。这时，他有可能承担纪律、民事、行政甚至刑事责任了。

二、学生角色和职业角色的差异

通常情况下，角色的转换过程由以下三个部分组成，分别是角色领悟、角色认知、角色实现；而从学生角色向职业角色的转换，则主要包括取得角色和进入角色两个环节。大学生在校学习和实践期间，会通过接触社会和学习理解，完成角色领悟和角色认知的环节，即明白进入职场需要完成职业角色的蜕变，并对职业角色产生一定的了解，认识到职业角色应该具备的能力和特点。

当大学生进入就业阶段，通过向期望的企业和岗位投递推荐材料，获得面试机会，并最终得到企业的入职通知，即完成了取得角色的环节。自此时起，学生角色向职业角色的转换正式开始。在角色转换的过程中，大学生需要先详细了解两种角色的差异，以便快速完成转换。二者间的差异主要体现在以下三个方面。

（一） 角色拥有权利的不同

不同的角色会拥有不同的权利，如学生拥有的主要权利之一是受教育权，受教育者在入学、升学、就业等方面依法享有平等权利；父母或其他监护人应尊重未成年人受教育的权利，必须使适龄未成年人依法入学，接受并完成义务教育。

职业角色所拥有的基本权利是依法行使职位职权，并依法获取薪酬的权利等。例如，职员可以按照企业与其的约定，在法律允许的范围内获取对应的劳动报酬，享受休假、企业福利等；国家机关的相关工作人员可以依法行使对应的权利等。

通过对比可以发现，学生角色的依赖性更强，在很大程度上需要父母的支持和支撑，且拥有的权利具有较强的被动性；而职业角色的独立性更强，当获取角色时，对应的权利就会获得，具有极强的自主性。

（二） 角色的义务不同

不同的角色需要履行的义务有所不同。学生角色最主要的义务就是在接受教育的过程中，遵纪守法、勤奋学习、积极进取、肩负富国强民责任，力求成为社会合格的接班人和建设者。除此之外，储备知识并锤炼思想、健全体质并培养人格、积累能量并完成蜕变也是其需要履行的义务。学生履行义务的成效如何，主要是看学生个体掌握的知识量、能力培养的强弱程度等，追求的是德智体美劳全面发展和提高。

职业角色需要履行的义务则是运用自身的知识、经验、智慧、技能等，完成对企业和对社会的服务，较好地安排各种具体的工作事项、担负起职业岗位需承担的职责，为企业和社会做出贡献。职员履行义务的成效如何，主要是看其完成工作任务的质量和速度，为企业和社会所作贡献的大小等。

相对而言，学生角色需要履行的义务主要是针对个体，影响范围小，而职业角色需要履行的义务，产生影响的范围大，如出现失职，都会对企业，乃至社会造成损失和负面影响。若学生角色没有履行好义务，产生的社会影响一般不会太大，而且通过后续的补救措施，通常可以得到妥善处理；而职业角色若没有履行好义务，产生的负面影响会较为严重，不仅会带来较大的损失，而且很难补救。

（三）角色的规范不同

角色的规范，是指社会环境下为对应角色提供的具有一定标准的行为模式。学生角色的规范，就是通过教育引导，实现学生全方面发展和提升，使学生逐渐成长为社会所需的合格人才的行为模式。职业角色的规范，则会因为角色职位和岗位的不同，产生很大的不同，其中的标准差异性极大，但通常都极为严格，且会依托标准制定不同的奖惩措施，以推动职员能够遵守规范并恪尽职守。

总体而言，学生角色的规范较为宽松，奖惩措施通常不会过于严重；而职业角色的规范则极为严格，若违反且造成严重后果，会进行极为严厉的惩罚，如国家机关单位人员若出现玩忽职守、收受贿赂等违反规范的行为，就会受到法律的制裁和惩罚。

三、学生角色向职业角色转换的主要变化

从上述内容可以看出，学生角色和职业角色之间的差异极为明显，不仅二者之间的权利、义务和规范有很大不同，而是在其影响下的个体活动、对个体的要求、个体所承担的社会责任等都有很大不同。

（一）活动方式的巨大变化

学生角色是以学习各种知识、锻炼体魄、培养健康人格和心理等为主要活动，很长一段时间以来，学生角色的特殊性也令其所处的环境极为平安稳妥，多数处在外界赋予角色成长、免受侵害和巨大影响的空间中，即学生的活动环境以校园为主体；而学生的主要活动是学习知识，通过记忆、理解、练习等促使知识内化，是极为明显的吸纳类活动。

职业角色则和学生角色完全相反，其拥有的权利和担负的义务要求其必须在规范允许的范围内运用积累的知识和经验、能力等，向企业等提供劳动，通过劳动来换取对应的报酬。职业角色的活动环境以社会为主体，环境差异性极大，甚至会因为职业的不同而承担不同的风险等，其主要活动是进行能力、知识等的输出，即通过自身的技术、经验、能力等，将已经内化的知识结合现实情况，创造性地发挥和运用，是极为明显的输出类活动。

从学生角色向职业角色转换也是吸纳类活动向输出类活动转变的过程，活动方式的巨大变化，会令绝大多数毕业生难以适应，这也是两个角

色顺利转换过程中较大的障碍。

（二）角色要求的巨大变化

不同的角色定位对角色的要求也有很大不同，学生角色和职业角色对应的角色要求差别巨大，主要体现在以下两个方面：一个是经济和生活的独立性要求；另一个是工作和心理的独立性要求。

在学生时代，学生的主要角色任务是学习知识、锻炼体魄和培养人格，对生活和经济的独立性要求并不高，尤其是经济层面。通常在学习阶段，学生所需要的资金主要都是依靠家庭资助，也可以说对学生角色的独立性要求并不太高。

进入职业生涯时代，学生角色转换为职业角色，已经拥有通过劳动获取劳动报酬的能力，在经济和生活方面开始逐步向独立者蜕变。家庭和社会向其提出了快速全面独立的要求，不仅经济上能自给自足，生活上也需要自我照顾，学习方面要能够自我提高和自我掌控，工作方面要独当一面，社会方面则需充分履行责任等。另外，进入职业生涯后，飞速发展的社会也对其提出了更高的要求，包括能够自力更生且自我管理、妥善规划人生并逐步实现价值等。虽然这种全面独立的要求，给予了新晋职业人更加自由和广阔的发展空间和发展道路，但同时也加强了对其的压力。

这种角色要求的巨大变化，对多年一直依赖家庭和学校的学生而言是极大的挑战，但同时也是推动学生快速蜕变和成长成熟的最佳渠道。若学生能够在较短的时间内适应全面独立的要求，不仅对个体未来发展和事业成功有推动作用，而且可以推动个体快速成为社会所需要的建设者。

（三）社会责任的巨大变化

从学生角色转换为职业角色后，其所承担的社会责任也会发生巨大的变化。学生角色需要承担的最主要的社会责任就是在学习过程中对自己负责，且学习好坏只对个体和家庭有影响，对整个社会的影响不会太大；而职业角色需要承担的社会责任则更加全面，也更加重大，不仅需要对工作任务负责，而且需要对企业负责，还需要承担对应的社会责任，即对由工作失误造成的社会危害负责。因为作为职业人其工作过程中的行为、态度、工作质量等都会产生对应的影响，如销售过程中对顾客冷漠会引发顾客反感，从而影响企业经营，进而使同事、企业的发展受到影响，甚至会遭受公共舆论的批判等。

四、角色转换的方法和问题对策

从学生角色向职业角色转换，是一个艰难且持续的过程。进入职业生涯后，首先需要从姿态方面做好准备，其次要根据角色转换过程中遇到的障碍采取相应的对策，最后通过准确的角色转换途径和方法，完成角色的转换，迎接即将到来的职业生涯。

（一）姿态准备

新晋职业人进入职场后第一步需要从姿态方面进行角色转换，一方面树立正确的职业认知，另一方面积极主动地进行自我调整，做好准备，以全新的姿态去迎接职场的挑战和蜕变。姿态的准备需要从以下四个方面入手。

首先，要调整好自身心态，降低自己的姿态去面对职场。虽然作为大学毕业生具有较高的知识储备和良好的学习成绩，但都是过去的收获，在职场上的实践经验较少。因此，必须要拿出在学校学习的心态，降低自己的姿态，在工作中心怀感恩并虚心请教，同时遇到问题和困难要先凭借自身的经验去解决，实践永远是检验真理的最佳手段，多思考、多咨询，全身心投入新工作，自然会有收获且进步飞速。

其次，要秉承少说多做的行为准则，尤其是在进入职场后听到质疑或不信任的声音，不要急着反驳，应该谨言慎行，通过工作展示自身的价值，用实际成果赢得尊重。信任通常都是双向的，只有在工作中尽职尽责，树立责任意识，勇于承担工作的责任，才能够赢得同事的信任。在职场需要注意的一点是"万千反驳不如一份成果"，最终的业绩才是在职场稳步立足的最佳手段。

再次，新晋职业人进入新的职场环境，要主动适应环境，尤其是已经形成较为稳定团队的企业，团队行事风格、领导者特性、企业模式等都具有自身的特点，作为新人应该主动揣摩，尽最大的努力快速融入职场环境，与同事和谐共处，共同向同一个目标前进。

最后，进入职场仅仅代表个体成功开启了职业生涯，并不意味着已经成功。要清楚地知道未来职业生涯道路还极为长久，激烈的竞争会继续，想实现自身的职业目标、人生价值，就要不断加强学习并充实自身，树立终身学习、不断进取的意识。一方面可以适应职场的竞争；另一方面也能不断提高自身的竞争力，最终实现自己的职业理想。

（二）角色转换障碍及对策

大学生毕业之后，在进入职场进行角色转换的过程中，有时会有对角色的特性把握不准且认知模糊造成角色转换障碍，若不及时处理很容易导致角色转换失败，影响职业生涯的发展。通常比较容易出现的角色转换障碍有以下几种类型。

第一种是对自我的评价过高且不切合实际，无法真正放下身段从职场基层做起。有些大学生会认为自己毕业于高等学府，能力和知识已经足够成为职场中的扛鼎之人，从而表现出眼高于顶、夸夸其谈，甚至目中无人。这种心态会使新晋职业人无法放低身段，从而无法从实践中获得真正的能力和经验。

第二种是对学生角色过分依恋。留恋过去拥有的角色是多数人的习惯和心理，大学毕业生的这种感受更为强烈，毕竟十几年的学生角色并不会一朝改变和舍弃。虽然学生角色需要一个较长的过程才能逐步转换到职业角色，但是有一部分新晋职业人容易长期沉溺在大学时代的回忆中，无法从学生角色的定位中脱离，依旧会从学生角色的角度去考虑在职场中遇到的问题和事件。因为看待问题的角度不同，所以很容易造成处理方式与工作环境脱节，从而影响职业生涯的发展。

第三种是目标不确定，对自身角色的定位不准。在角色转换过程中，如果不能精准定位，并明确自身的目标，就无法找准努力方向，甚至一会儿想做这些，一会儿想做那些，最终找不到适合的发展道路，影响职业生涯的发展。

针对以上这些角色转换障碍，可以通过以下几个方面缓解和解决，并找到最适合自身的角色转换方式。

首先，要保持归零心态，毕竟在职业工作方面新晋职业人没有任何经验，所以要放下所有的架子，将自己当作小学生从头学起。姿态放低就容易和他人打成一片，并能够快速积累更多的经验。

其次，学会观察和思考，作为新晋职业人，需要眼观六路耳听八方，通过观察发现问题，并根据职场前辈的处理方法思考最佳的解决方法，甚至可以尝试解决问题。经过长期的观察和思考，就能够提升自身能力，并完成角色转换。

再次，无论进入的职场是否是个体期待的发展方向或企业，都应该稳定心态，安心做好本职工作，尽快适应职场环境并找到工作规律，认识工作的流程和特性，为后续的职业生涯发展打下基础。一定要注意，任何职业及岗位都拥有其独特之处，都可以对个体未来职业生涯的发展起到促进作用。

最后，态度才是成功的基础，培养自身干一行爱一行的态度，以积极乐观、乐于奉献的态度去面对工作。尤其是新晋职业人更应该培养积极的工作态度，通过对工作强烈的责任感和使命感来推动个人的职业发展。

五、角色转换的适应方法

在就业过程中的角色转换，并非完全从进入职业生涯才开始，而是自大学生毕业之前就已经开始，整个过程贯穿于毕业前和进入职场后的试用期。

（一）大学生毕业前的角色转换准备

大学生毕业前就应该做好角色转换的身心准备，很多时候新晋职业人无法快速完成角色转换，主要是因为没有足够的心理准备和清晰的心理定位，缺乏良好的转换心态，从而造成角色转换不顺畅。

其实在大学生毕业之前就应该先对自我进行清晰的认知，并做好自我定位，通过对职业的了解和自我的深入认知及定位，能够更好地完成角色转换的心理准备。在求职过程中，多数大学生会遭遇各种择业困难、求职困难、面试挫折、不公待遇等，因此还需要学会及时并恰当地进行自我心理和心态调适，要清楚地明白求职路上遇到困难和挫折在所难免，而绝大多数困难和挫折都能够转化为个体的经验，促进个体成长，只有心胸开阔、心态平稳、乐观积极，才能够在困境之中找到有益于自身的宝藏。

（二）进入职场后试用期的角色转换方式

当大学生进入职场后都会经历试用期，虽然试用期相对个体的职业生涯而言极为短暂，但其在很大程度上决定着个体未来职业生涯道路是否顺畅。之所以称为试用期，对企业而言是一个考验和考察的过程，而对于新晋职业人而言，是一个快速熟悉和学习的关键阶段。虽然试用期并不会太长，但这段时间却能够带给个体丰富的学习内容，尤其是职业学习内容。

通常情况下，新晋职业人经历了高校的学习生涯，更习惯学校中偏重基础知识和普通技能的学习方式，因此进入职场后会感到手足无措，乃至无所适从。进入职场后对新晋职业人最关键的一点就是任何工作任务都需要行动和实施，要将知识和实际相结合。

除此之外，基本的职场礼仪、交际技能总结汇报、基本公务（写工作报告、发电子文件、使用办公用品等），都需要新晋职业人放下姿态努力学习。

通过上述方式，能够推动新晋职业人快速实现从学生角色向职业角色的转换，并顺利适应职场环境和工作特性，成为一名真正意义上的职业人。

第二节　新入职高校大学生就业环境及人际关系适应

大学生获得职业工作岗位之后，除了需要进行快速的角色转换，还需要加强就业初期对职业环境、人际关系的适应，这是影响未来职业生涯发展的关键因素。

一、新入职高校大学生职业环境的适应

大学生走上新的职业岗位后，有一个对新环境、新任务、新模式的适应过程，即对环境进行认识、对工作进行认可，此过程也被称为大学生的职业适应期。

（一）大学生的职业适应期

职业适应期有长有短，根据个体不同的适应能力和调适能力会有所不同，但通常有以下四个阶段。

一是大学生获得职业时的兴奋期，在就业形势极为严峻的情况下，毕业生得到了企业的垂青，拥有了职业及岗位，不再为毕业去向担忧，自然会对新的职业、环境、工作等充满好奇，通常心情都会愉悦而激动，处于兴奋状态，因此称为兴奋期。

二是进入职场后，因为职业理想和职业现实的不匹配所产生的冲突期。通常大学生会对未来拥有极为美好的构想，对职业生涯同样如此，当正式进入职业生涯后，理想和现实的反差极易令其产生强烈的思想认知冲突。除此之外，大学生还会遇到个人能力和工作能力、自我评价和社会评价产生的冲突，即自我感觉良好，自我评价较高，但工作效率和质量都无法令人满意，他人对其评价褒贬不一，从而形成了较大的心理矛盾，易令其进入冲突期。

三是冲突的出现和激化推动毕业生主动进行自我调适，自此开始进入协调期。协调期是大学生产生职业生涯差距的关键时期，冲突的持续下，有一部分人会逐步放下原本不切合实际的幻想，开始寻找完全融入职场环境的方式；另一部分人则会冷静思考，并深入挖掘自身特性，思考自身与社会环境的内在关系，并重新调整自身的职业生涯规划，再次树立更贴近实际的目标；还有一部分人则开始放弃对职业理想的追求，选择逃避现实，用妥协、得过且过来掩盖自身的失落感和忧郁感等。

四是通过自我的反思和调适，逐渐适应新的职场环境和工作模式后的稳定期。该阶段个体开始对外在人际关系圈精挑细选，并将关注度和精力逐渐集中到从事职业的具体工作上，并逐步培养对职业工作的兴趣且稳定下来，其中一部分人会协调企业内部的人际关系，逐步培养自身的职场人际圈。

（二）职业环境的熟悉和适应

相对而言，职业适应期越长，对大学生的成长越不利，快速完成适应期的蜕变，才能够更快地适应新环境，并依据职业目标按部就班地提升与成长，因此任何一个大学生都应该尽可能缩短职业适应期，这主要与个体的独立生活能力、人际交往能力、专业技能水平、社会活动能力、工作责任心和态度有关。

无论上述能力的水平如何，任何一个大学生在职业适应期都需要完成熟悉和适应职业环境的过程。熟悉职业环境是快速度过职业适应期的基础，对于任何一个大学生而言，面对新的环境和新的人群，只有尽快了解，才能够令自身适应工作，从而逐步稳定下来。通常熟悉职业环境有以下三个内容必须快速了解。

一是企业的情况，包括企业的规章制度、发展态势、内部架构、部门关系等，尤其是熟悉规章制度，这是任何职业人都需要遵守的规范，也是融入职业环境所需要完成的第一步。这些内容都是个体完成本职工作必须知晓的要素。

二是工作的具体环境，包括企业的周围外部环境，如企业所处地理位置的特性、交通情况、超市商场情况等；企业的内部环境，如各部门及其办公室的分布、卫生间位置、功能室的情况和位置等。这些细节看似不起眼，却对高质高效完成工作有很大的影响。

三是具体的本职工作，即企业安排给个体的本职工作到底是什么，需要了解工作内容、工作步骤、工作过程、工作评审方式等，通过对本职工作的了解，结合对企业情况和工作环境的了解，熟悉和规划工作资源，争取早日适应企业的工作模式。

二、新入职高校大学生人际关系的适应

大学生进入职场后，会面对新的人群。对于企业中原本就存在的众人而言，新人相对较少，且因为其已经对职场足够熟悉，所以对新人的了解会更加快速；而作为新人而言，其他同事都属于陌生人，在这样的环境中，大学生必须要快速适应职场人际关系，从而尽快融入职场。具体可以通过以下方法来适应人际关系。

（一）初步了解同事情况

刚进入职场时，需要多观察多请教，少说话多倾听，通常可以从同事之间的沟通中，了解同事的基本信息、明晰企业中人际关系的情况。要尽量做到快速记清同事们的姓名，简单了解同事的工作内容和工作关系，以便为自身的工作打好基础。

（二）对同事多理解但谨慎支持

进入职场一段时间后，会逐渐对同事的情况有一定了解，包括同事的性格、兴趣、生活状态等，作为同事不能渴求对方为自己效力，出现工作上的误解或争执，需要多从对方角度思考，多理解同事。

另外，虽然在职场工作需要足够的热情，但对同事的做法要谨慎支持，即对同事的观点、思想等不能盲目遵从，而是要具有自己的思考和想法，在广泛听取周边同事建议和想法的同时，也要拥有自己独到的见解和看法，培养自己独立思考的能力，以便为后续的职业生涯发展奠定基础。

（三）对领导先尊重后磨合

进入职场后，会与企业内部的各级领导层打交道，在对领导了解不深的初期，要清楚地知道对方能够成为领导必然有其过人之处，无论是其工作经验还是待人处世，必然拥有值得借鉴和学习的地方，因此作为新晋职业人要放低姿态尊重领导的能力和特性。

在尊重领导的基础上，随着时间的推移和彼此了解的深入，可能会发

现领导的一些缺点和错误，尤其是工作方面应该逐渐和领导磨合，不必唯命是从，而应该拥有自己的想法和风格。需要注意的是，向领导提出自己的观点和建议，只是本职工作中很小的一部分，在提出观点时一定要给予对方足够的尊重，有礼仪、有分寸地提出适当的建议，才更容易让领导接纳。向领导提出建议并非职场中的主要工作内容，大学生更应该尽力去完善自身，以职业生涯规划为标准步步为营，逐步向属于自己的职业理想和职业发展方向努力。

第三节　新入职高校大学生事业培养路径

人生在世，事业为本。每一个有远大抱负的大学生在踏上工作岗位时，都有立志成才的愿望，都有宏伟的事业蓝图。岗位是成才的舞台，是一个人奉献社会、施展才华、取得成就的条件。一个人只有确定自己的职业发展方向，踏实肯干，提高竞争力，抓住机遇，才能尽快实现自己的人生价值。

一、确定职业发展方向

在我国工业化和现代化的进程中，许多技术含量低的旧职业岗位不断消失，高技术含量的新产业、新职业岗位不断出现。新岗位所需的职业知识和技能以越来越短的周期在更新，要求就业者的综合素质越来越高。"一次择业定终身"的时代一去不复还了，对此，我们应有清醒的认识。就业后，一定要立足现有的职业岗位，主动地适应社会变革，摸索、调整和确定自己的职业发展方向，谋求更长远的发展。

一个人的职业发展方向是根据个人志向、自身条件，结合社会发展对职业的需要来确定的。一定要清楚了解个人爱好、性格特点、身心素质，知道自己的长处和短处，再根据自身条件，在当前社会现实需要的职业中寻找比较"对口"的岗位，由此选定自己职业的切入点。在初选职业的磨炼中，坚定信心，发挥和扩展个人才干。要分析当前所选职业在目前和未来社会中的地位，考虑单位在本行业未来发展中的前景，分析本人在本单位是否具备利于成才的工作条件与和谐的人际关系，考虑是否需要为转向另一种职业而创造条件。经过此番深思熟虑后，职业发展方向便不难确定了。

二、踏实肯干，岗位成才

确定了职业发展方向，要想在新的工作岗位上一展身手，还必须踏实肯干，通过刻苦学习，不断提高自己。初次上岗就业，要努力钻研业务，认真履行职责，一丝不苟地完成任务，千万不能以"工资太低""工作单调乏味"或者"工作没啥前途"为借口而不安心工作。应当注意培养良好的职业品德，树立正确的职业理想和职业价值观，具有忠于职守、敬业乐业、献身事业的精神，坚持严肃认真、实事求是的劳动态度，保持不断进取、精益求精的工作作风，尊重他人，注重协作，牢记为人民服务的宗旨。这些品德不仅是做好工作、为自己开拓未来道路的需要，而且是能够处理好各种人际关系的必要条件，是取得同事认可和领导赏识的基本依据。

艰苦奋斗是中华民族的优良传统，也是新时期现代化建设所需要的敬业精神。一个人只有立足岗位、踏实肯干，才能获得好成绩。"马云的阿里巴巴""刘强东的京东商城"，许多杰出人物的事例都说明，不平凡的成绩往往源自在平凡岗位上的艰苦奋斗。

事业之路充满艰辛，要取得事业成功，必须要有顽强的毅力和埋头苦干的精神，坚持不懈地努力，付出辛勤的劳动。为此，刚刚步入社会的毕业生应努力做到热爱本职工作，踏实肯干，敬业奉献。

三、提高竞争力，奋斗成才

当今社会发展迅速，竞争非常激烈。要牢记人才优胜劣汰的原则，强化竞争意识，围绕本职工作和期望的职业方向自觉地"充电"，不断补充新知识、新技能，通过各种方式提高个人的综合素质，培养和强化职业兴趣。要做到"干一行，爱一行"。一个劳动者，一旦对自己的职业有了兴趣，就会产生勇往直前的动力，孜孜不倦地去追求工作的尽善尽美；有了兴趣，就会敬业乐业，在职业岗位的深度和广度上刻苦钻研，扩展职业适应面，具备获取更加理想的新职业的能力。如果对自己并未从事的某种职业产生了兴趣，那么就应主动钻研该种职业所需的有关知识和技能，使自己具备胜任该种职业的条件，并为以后的长远发展打下坚实的基础。

四、抓住机遇，成就事业

当今社会，充满各种成功的好机遇。良好的机遇稍纵即逝，它是事业取得成功的重要条件，但它不会凭空而来，也不会必然把人带向成功的巅峰，因为机遇只垂青那些有准备的人。如果自己不注重平时的积累和准备，不具备符合机遇要求的主客观条件，那么当机遇来临时，也只能看着它悄悄溜走。即使侥幸抓到机遇，也会因为自己准备不足、能力有限而错失良机。因此，在社会发展过程中，机遇在不同的人面前有着截然不同的结果，有的人与它擦肩而过，痛失个人发展良机；有的人抓住机遇，奋力拼搏，获得了事业成功。

虽然机遇对一个人的职业发展具有非常重要的作用，但也不能把希望完全寄托在机遇上。"天下大事，必作于细；合抱之木，生于毫末；九层之台，起于垒土。"任何工作都必须从小处起步，从细节着手，勤勤恳恳，一旦出现了发展机遇，通过充分发挥个人的聪明才智，就一定能够获得优异的成绩，成就精彩的人生。

参考文献

［1］卞成林．大学生职业生涯规划与就业指导［M］．桂林：广西师范大学出版社，2019.

［2］陈国祥，邵明．应用型人才培养的探究与实践［M］．镇江：江苏大学出版社，2019.

［3］高洪，衣颖，刘昭薇．大学生职业发展与就业指导［M］．北京：航空工业出版社，2020.

［4］高阳．大学生职业生涯规划与就业指导［M］．成都：电子科技大学出版社，2019.

［5］公丕国，张莉莉，毕洪丽．大学生创业与就业指导［M］．北京：北京理工大学出版社，2019.

［6］郭帆，崔正华．大学生职业生涯规划与就业指导［M］．南京：东南大学出版社，2018.

［7］何具海．大学生职业生涯规划与就业指导［M］．长春：吉林人民出版社，2019.

［8］何文波．大学生职业生涯规划与就业指导［M］．湘潭：湘潭大学出版社，2019.

［9］侯亚辉．应用型本科院校大学生就业指导与职业发展［M］．北京：航空工业出版社，2020.

［10］黄唯，冯小欢．大学生职业生涯规划与就业指导［M］．上海：上海交通大学出版社，2020.

［11］姜力源，张镝．职业生涯规划与就业创业［M］．北京：中国医药科技出版社，2018.

［12］金德禄．大学生职业生涯规划与就业指导［M］．南京：东南大学出版社，2020.

［13］李国庆，孙金一，张源峰．大学生职业生涯规划与就业指导

［M］. 上海：上海交通大学出版社，2019.

　　［14］李晓军. 应用型高校大学生职业生涯规划与就业创业指导［M］. 上海：上海教育出版社，2021.

　　［15］刘玉升. 大学生职业生涯规划与就业指导［M］. 苏州：苏州大学出版社，2018.

　　［16］闵杰. 当代大学生就业指导与职业生涯规划［M］. 长春：吉林大学出版社，2020.

　　［17］秦辉，陈靖，余群. 职业生涯规划与就业指导［M］. 长春：吉林大学出版社，2017.

　　［18］施佩刁，宋新辉. 大学生职业生涯规划与就业指导［M］. 北京：北京邮电大学出版社，2020.

　　［19］舒卫华. 大学生职业生涯发展与就业指导［M］. 武汉：华中科技大学出版社，2018.

　　［20］王林，王天英，杨新惠. 大学生职业生涯与就业指导［M］. 北京：中国铁道出版社，2018.

　　［21］王庆洲. 大学生创业与就业指导［M］. 天津：天津科学技术出版社，2019.

　　［22］胥迅，刘妮娅，吴家丽. 大学生职业发展与就业指导［M］. 成都：西南交通大学出版社，2020.

　　［23］杨晋平，楼琴. 大学生职业规划与就业创业［M］. 北京：台海出版社，2018.

　　［24］杨珂. 大学生的职业素养与就业竞争力［M］. 北京：光明日报出版社，2021.

　　［25］张琳，李中斌，王杨. 大学生职业生涯规划与就业指导［M］. 上海：上海交通大学出版社，2018.

　　［26］张卿，王孝胜. 大学生职业生涯规划与就业指导［M］. 西安：西北工业大学出版社，2018.

　　［27］张同胜，何嘉，杨洪林. 职业生涯与发展规划［M］. 长春：吉林人民出版社，2019.

　　［28］张玉波，楼稚明. 大学生职业规划与就业创业指导［M］. 成都：电子科技大学出版社，2020.

　　［29］郑芝鸿，翁琳. 职业生涯规划与就业创业指导［M］. 成都：电子科技大学出版社，2019.

［30］周清，何独明．大学生职业生涯规划与就业指导［M］．北京：北京理工大学出版社，2019.

［31］鲍敬敬，薛会来，赵利勇．高校大学生就业外促内生动力机制研究［J］．商业文化，2021（29）：136-137.

［32］成翠雄．基于职业生涯规划的大学生创新创业教育模式探索［J］．就业与保障，2021（15）：88-89.

［33］翟雨翔，王佳，杨红娟．高校大学生职业生涯规划体系构建研究［J］．大众标准化，2021（18）：188-190.

［34］董兰国，宁利红．大学生职业生涯规划能力与创新创业能力提升路径研究［J］．科教文汇（中旬刊），2021（8）：27-29.

［35］顾盼盼，刘政，陈玲．新时代辅导员指导大学生就业路径探析［J］．现代商贸工业，2021（32）：75-76.

［36］关顺贤，韩培淳．关于当前大学生"慢就业"问题的探讨［J］．辽宁科技学院学报，2021（3）：103-104.

［37］黄冬梅，王瑞欣．基于职业生涯规划视角的大学生就业力提升路径探索［J］．经济研究导刊，2021（13）：98-100.

［38］季小燕．职业生涯规划在大学生就业指导工作中的应用［J］．现代交际，2021（15）：145-147.

［39］景文秀，张雷．论职业生涯规划在大学生就业指导工作中的作用［J］．就业与保障，2021（15）：66-67.

［40］李畅．大学生就业指导服务的多元主体协同机制创新［J］．产业与科技论坛，2021（16）：227-228.

［41］李红霞．以职业生涯规划为核心的大学生全程就业教育体系研究［J］．产业与科技论坛，2021（18）：271-272.

［42］梁山．基于职业锚理论的经管类大学生就业指导研究［J］．西部皮革，2021（17）：51-52.

［43］廖小慧．新时代大学生就业指导实践创新路径［J］．人才资源开发，2021（16）：54-55.

［44］刘薇．大数据背景下的大学生就业指导精准化探析［J］．创新创业理论研究与实践，2021（18）：145-147.

［45］卢勃如，胡雪健．"互联网＋"视域下大学生就业指导分析［J］．今日财富（中国知识产权），2021（8）：229-230.

［46］孙宇涵．大学生就业指导存在的问题及对策［J］．教育信息化论

坛，2021（8）：106-107.

　　［47］王丽．如何构建大学生精准就业服务体系［J］．人才资源开发，2021（20）：45-46.

　　［48］王学臣，周琰．大学生职业生涯规划影响因素与教育对策［J］．中国成人教育，2021（17）：28-32.

　　［49］王芸芸．高校就业指导服务体系构建探析［J］．大学，2021（30）：151-154.

　　［50］肖玉梅．职业生涯规划视角下大学生就业困境及策略研究［J］．就业与保障，2021（17）：80-81.

　　［51］许珂瑶．大学生职业生涯规划问题与对策［J］．合作经济与科技，2021（22）：86-87.

　　［52］杨洁，缪海燕．新生代大学生职业生涯规划能力提升研究［J］．科教文汇（下旬刊），2021（8）：28-29.

　　［53］杨阳．新媒体背景下强化大学生职业生涯规划教育［J］．教书育人（高教论坛），2021（30）：26-28.